A C Q U A R E L L I

Kahlil Gibran

IL PROFETA

SABBIA E SCHIUMA

GIUNTI DEMETRA

Titolo originale: *The Prophet*; *Sand and Foam*
Traduzione e cura: Francesco Franconeri

www.giunti.it

Via Bolognese 165 - 50139 Firenze - Italia
Via Dante 4 - 20121 Milano - Italia

Ristampa	Anno
8 7 6 5 4	2013 2012 2011 2010 2009

Stampato presso Giunti Industrie Grafiche S.p.A. – Stabilimento di Prato

Introduzione

Il Profeta: il mistero di un libro

Ci sono sempre stati libri – e continuano a esserci – che paiono sfuggire a ogni tradizionale canone di valutazione. Sono libri che la critica ufficiale, letteraria o di questa o quella disciplina, talora attacca e sminuisce. Libri scritti da personaggi che sovente è difficile catalogare, e che si sono visti incompresi in vita dagli ambienti della cultura ufficiale, per essere poi scoperti da un pubblico vasto, avvertito dai misteriosi tamtam che, per fortuna ma non per caso, ogni tanto attraversano il mondo della cultura aggirando le posizioni dei critici anche più accreditati.

Sono libri e autori che spesso fanno torcere il naso ai seriosi esponenti dell'ufficialità. Poco importa. Il tamtam si ripercuote da ambiente ad ambiente, da nazione a nazione, da cultura a cultura. E il libro vive e parla, consola, spesso insegna ciò che le scienze o le dottrine tradizionali non sanno, non possono, non vogliono vedere.

Il Profeta di Kahlil Gibran è uno di questi libri.

Strano destino, il suo. Ma rivelatore del fatto che il libro appartiene alla misteriosa schiera degli inesplicabili successi editoriali.

Appena nel 1923 comparve negli Stati Uniti, pubblicato dal prestigioso editore Knopf, il successo fu immediato. Le vendite divennero subito imponenti e, fatto ancor più importante, continuarono a esserlo negli anni.

Un vero mistero. Lo stesso Knopf non sapeva spiegarsi il fenomeno. Non fece mai pubblicità al libro. La sola volta che ci tentò, sospinto dai lusinghieri successi iniziali, le vendite subito calarono. E non appena smise ogni pubblicità *Il Profeta* ricominciò a diffondersi vertiginosamente, sempre. Nel 1959 aveva venduto un milione di copie, e oggi molte, molte di più. È stato tradotto in quasi tutte le lingue del mondo, e non pochi dei pensieri in esso contenuti sono diventati proverbiali.

È curioso notare che le varie edizioni pubblicate nel mondo sono talora introdotte da seriosi saggi affidati a critici affermati, i quali cercano subito di appiccicare etichette a questo insolito prodotto. È un poema? Un libro di filosofia? Segue la scuola di questo o quel pensatore? Vale più o meno le opere di quell'altro poeta? Si ispira al cristianesimo o al buddismo? Lo stile dell'autore va preso sul serio oppure no? Letterariamente si colloca in tale scuola o in talaltra?

Non potendo catalogare un'opera non catalogabile, spesso l'introduzione finisce con lo stroncare il libro e col deriderne l'autore. Ma poi il libro vende lo stesso, il tamtam continua, e il messaggio che le sue pagine recano si spande nel mondo.

* * *

Kahlil Gibran, come uomo e come artista, è rimasto incompreso da molta critica ufficiale almeno quanto questo suo libro. Ancor oggi c'è chi lo definisce un mistificatore, una persona che giocò sul successo de *Il Profeta* per raccogliere immeritati onori, e per presentarsi all'America che l'aveva ospitato come una sorta di guru, un precursore dei molti fasulli santoni che in seguito, in America soprattutto, hanno animato sette e culti astrusi.

In realtà, Gibran fu uno studioso e un artista attento e serio. Non si spiegherebbe altrimenti il suo determinante apporto alla modernizzazione della poesia araba, l'incisivo suo intervento per liberare il suo paese di origine – quel Libano che sempre amò ardentemente e in cui volle trovare sepoltura – da un passato schiavizzante e oppressivo. Né si potrebbe in altra maniera spiegare come mai la critica più attenta dei suoi anni (ma anche quella attenta e meno asservita di oggi) lo considerò uno dei massimi esponenti dell'arte orientale in Occidente.

Gibran soffrì a motivo degli equivoci che l'ufficialità costruì intorno a *Il Profeta*. Sapeva bene di cosa l'accusavano. E lasciò precise testimonianze scritte — scritte anche dagli astanti, dai suoi amici e collaboratori — in cui rifiutava e negava il ruolo che molti gli appioppavano. Non voleva apparire un profeta, un santone. Voleva solo divulgare quelle verità che gli erano sorte dentro, e che dovette scrivere quasi per forza perché qualcuno in lui – Almustafa, il profeta del libro – lo spingeva ossessivamente a farlo. Distinse sempre il suo personaggio da se stesso.

Quando morì, ancora giovane, aveva coscienza di avere lasciato un messaggio solo per metà compreso e che lui stesso non sapeva da quali studi, da quali ricerche, da quali riflessioni provenisse. Non si riteneva un santo, anzi: legato com'era alla sapienza orientale, si diceva convinto che colui che abbandona la terra con le proprie colpe, dovrà reincarnarsi ancora e ancora finché, purificato, potrà spezzare l'ultimo legame con il mondo della materia.

Ma qual è il messaggio de *Il Profeta*?

Lasciò scritto Gibran: «Ritengo non ci sia stato istante nella mia vita in cui non abbia sentito il Profeta dentro di me. Mi sembra che esso sia stato una parte di me stesso». Sollecitato da questa "presenza" nel suo spirito, da questa sensibilità innata, ecco che, come scrive il suo amico e biografo Naimy, «Gibran giunge a vedere il mondo come un'unità perfetta e la vita tutt'intera come un'armonia eterna. Allora tutti i "mondi" in cui era vissuto in precedenza e che sempre gli erano parsi ideali gli divennero esigui e irreali. La sua immaginazione gli rendeva continuamente il segno delle creature unite dal mistico legame dell'amore, infinito e quindi impossibile da chiudere tra confini».

Gibran, che per anni si era scagliato contro la vita nel tentativo tutto intellettuale di dominarla, cominciò a ringraziarla, semplicemente. È il messaggio essenziale de *Il Profeta*. La riconoscenza per ogni cosa che esiste, e per i misteriosi ma reali, anche se invisibili, meccanismi che la regolano al di là delle nostre volontà e delle nostre capacità di comprendere.

Così, il Profeta Almustafa parla alla gente di Orfalese – al mondo terreno – e sui vari aspetti della vita porge spiegazioni, indicazioni, consigli. La sua è una saggezza che molti guardiani della cultura ufficiale hanno trovato irritante, bollandola come semplicistica, quando non come sempliciotta. Altri, più seriosi, hanno voluto andare a vedere se fosse d'estrazione mussulmana o cristiana o cos'altro.

E in questo sta la ricchezza de *Il Profeta*, nonché la radice del suo straordinario successo: contiene non saggezza cristiana, né buddista, né mussulmana e nemmeno si rifà a una qualche altra grande religione o filosofia. Raccoglie, piuttosto, molto di quanto è alla comune radice di tutte queste religioni, e d'altre ancora. E questa comune radice viene come distillata dalla voce del Profeta, e offerta quale acqua di vita in sorsi che molto spiegano del mistero dell'esistenza e che ancor più lasciano intravedere.

È dunque una voce, quella del Profeta Almustafa, che si rivolge direttamente all'io profondo degli uomini, che parla a quell'intelligenza spirituale che tutti, anche inconsapevolmente, si portano dentro. Un distillato di saggezza che più che mai trova assettati lettori in un'epoca come la nostra in cui i miti e le filosofie degli uomini stanno crollando, e permangono luminose, e indispensabili, le parole di una saggezza più durevole, perché eterna e a tutti comune.

Sabbia e schiuma: parliamo, e non ci sentiremo soli...

Perché tanta fascinazione e insieme tanta assorta malinconia di fronte al consueto paesaggio marino, quando l'onda si rovescia sulla spiaggia e il risucchio trascina con sé parte della sabbia, che si rideposita poi frammista alla schiuma di altre onde nell'eterno moto del mare?

Forse perché questa è una tangibile immagine di scambio, di comunicazione, che sembra smentire la ricorrente, ossessiva, dolorosa esperienza della *separazione*. Come separazione viviamo la nascita, il passaggio dall'una all'altra età della vita, la morte di chi amiamo, la nostra stessa morte. Ma non si tratta solo della costante esistenziale comune; nella cultura ebraico-cristiana dell'Occidente, la stessa Creazione divina è presentata come una serie progressiva di separazioni: il Cielo e la Terra, la Luce e le Tenebre, l'Aria e l'Acqua, l'Asciutto e il Mare... Già, *Sabbia e schiuma*. A proposito di quest'ultima antitesi recita la Bibbia: «Poi Iddio disse: "Si radunino tutte le acque che sono sotto il cielo in un solo luogo, e apparisca l'Asciutto". E così fu. E chiamò l'Asciutto Terra e la raccolta delle acque chiamò Mari. E Iddio vide che ciò era buono». Ma a noi, che Dio non siamo, riesce difficile vivere come "buone" le continue esperienze di separazione. Per questo, quando sabbia e onda si incontrano, avvertiamo struggente una sorta di *nostalgia dell'interezza* e misuriamo su quell'immagine il costo della nostra solitudine.

La consapevolezza di questo dramma esistenziale è a fondamento dell'opera e del successo di Gibran: «La voce della vita dentro di me non può giungere all'orecchio della vita che è in te, ma parliamo, e non ci sentiremo soli». Con *Il Profeta* era riuscito a restituire alla parola il suo valore liturgico e a lenire la solitudine dei suoi lettori avidi di rivelazioni smarrite. Per questo decise di tradurre dall'arabo in inglese e di pubblicare detti già pronunciati e già scritti, perché non si spegnesse il contatto così sorprendentemente instauratosi con il suo pubblico.

Ciò non significa che Gibran avesse da dire cose "nuove". Si pensi al paradosso del silenzio, di sapore orientale, come la più intensa forma di rapporto con se stessi, gli altri e il mondo: «Datemi il silenzio e sfiderò la notte»; e ancora: «Grande cantore è colui che canta i nostri silenzi», dove è ribadito il motivo della solitudine e la disdetta della parola viene proposta come strumento di suprema comunicazione. O si pensi alla pascaliana distinzione tra le ragioni... della ragione e le ragioni del cuore: «Il pensiero è sempre la pietra in cui inciampa la poesia», oppure, di sapore più popolaresco, «Amore e dubbio non si sono mai rivolti la parola».

Gibran poi, profeta del nostro tempo, non disdegna di esprimersi sui rapporti di potere e sulla dittatura del denaro: «Gli angeli sanno che troppi tipi pratici mangiano il pane grazie al sudore della fronte dei sognatori», così come: «Il più degno di commiserazione, tra gli uomini, è colui che converte i suoi sogni in oro e argento». E c'è davvero, per i sognatori, di che consolarsi.

Ma, inevitabilmente, un ambito privilegiato di pronunciamento è il rapporto tra l'uomo e Dio, che fa perno su quella che si è prima definita la comune "nostalgia dell'interezza". Anche in questo caso non è la novità dell'affermazione, ma la pregnanza della formula lapidaria a incrinare la barriera dell'indifferenza: «Solo l'idiota e il genio infrangono le leggi fatte dall'uomo; e sono i più vicini al cuore di Dio». E specularmente è preso in considerazione il rapporto tra uomo e natura (un tema ai tempi di Gibran meno abusato di quanto non lo sia oggi), dove quest'ultima appare tra l'altro come generosa dispensatrice di metafore: «I fiori di primavera sono sogni d'inverno narrati agli angeli a colazione», oppure: «Se riveli i tuoi segreti al vento, non rimproverare il vento per averli rivelati agli alberi».

Proprio nel frequente ricorso a metafore e paradossi Gibran manifesta la sua appartenenza a quella cultura araba che costituì per lui un'inesauribile ricchezza e di cui non abbandonò mai la lingua (era solito scrivere in arabo e tradurre successivamente in inglese). È infatti nel contrasto tra la leggerezza di immagini dal profumo vagamente orientale e l'estrema sinteticità e densità della lingua inglese che si definisce lo stile inconfondibile di questi "detti" di Gibran, per i quali non a caso l'autore rifiutava la definizione di "aforismi", sottolineando come in ogni "-ismo" la cultura tradisca il suo distacco e la sua lontananza dalla vita.

Quest'esigenza di arrivare a dialogare con la voce della vita che è chiusa in ciascuna creatura è in effetti il motivo unificatore della raccolta. Per il resto ogni detto si esaurisce in sé, è in se stesso una sintesi di comunicazione compiuta: «Non ci potremo comprendere finché non ridurremo la lingua a sette parole». Conscio delle trappole del linguaggio concettuale, Gibran si rivela d'altra parte abile nello sfruttare le potenzialità di quello analogico, musicale, pittorico, che gli consente di esprimersi con la levità e la trasparenza dei sogni rivelatori.

Kahlil Gibran: la vita e le opere

1883

Jibran Khalil Jibran (o anche Gabran Halil Gabran) nasce il 6 dicembre a Bsharri, nel Libano settentrionale, da famiglia cristiano-maronita.

1894

A 11 anni non ancora compiuti emigra negli Stati Uniti insieme alla madre, a un fratellastro e a due sorelle. Il padre rimane in Libano, forse in carcere per problemi dovuti anche alla sua situazione di semialcolizzato. Negli Stati Uniti madre e figli si stabiliscono a Boston, dove esiste una fiorente comunità di libanesi provenienti dal villaggio di Bsharri.

1897/1901

Negli Stati Uniti prende legalmente il nome di Kahlil Gibran. È quattordicenne quando fa ritorno in Libano dove a Beirut frequenta per un triennio l'Istituto al-Hikmat, gestito dai preti maroniti. Perfeziona in questi anni la sua formazione araba e occidentale, che caratterizza i maggiori intellettuali mediorientali di quegli anni. Completati gli studi, viaggia a lungo in Libano e Siria, poi fa ritorno negli Stati Uniti.

1902

Compie un nuovo viaggio in Libano, ma deve tornare quasi subito negli Stati Uniti a motivo delle preoccupanti condizioni di salute della madre, che infatti morirà di tisi l'anno seguente. Dello stesso male moriranno il fratellastro e una sorella.

1904

Incontra Mary Haskell, che molto lo aiuterà nella carriera artistica. Avvia anche una relazione sentimentale con Emile Michel, una giovane di origine francese che insegna a Boston.

1908

Grazie all'aiuto economico e ai consigli di Mary Haskell, va a Parigi e presso l'Académie Lucien si dedica allo studio della pittura. Legge con particolare attenzione le opere di Voltaire, Rousseau, Blake e Nietzsche che influenzeranno la sua futura opera.

1910

Nel mese di ottobre rientra a Boston dove inizia un'intensa attività di animatore intellettuale tra Boston e New York, impegnandosi insieme a un nutrito gruppo di scrittori e artisti i quali, con le loro riviste, diedero origine alla scuola siro-libanese d'Oltreoceano e al rinnovamento della poesia e della prosa moderna di lingua araba.

1912

Si trasferisce a New York, che elegge a sua residenza stabile. Ha anzi tutto successo come pittore, al punto da essere considerato negli anni immediatamente successivi il massimo esponente della pittura orientale in Occidente.

1918/1920

Pubblica presso Knopf (attento editore di quasi tutte le sue opere) *The Madman*, il suo primo libro in lingua inglese, un'accesa contestazione dell'Occidente in chiave orientalistica. Nel 1919 esce una sua raccolta di disegni senza testo, *Twenty Drawings* e nel 1920 *The Forerunner*. Sono anni di intensa meditazione per Gibran, che sta anche scrivendo Il Profeta.

1923

La Knopf pubblica *Il Profeta*. Il successo è immediato, e con esso quei notevoli guadagni che consentono a Gibran di dedicarsi d'ora in poi alla riflessione che si riversa soprattutto nei suoi libri in versi. *Il Profeta* riscuote critiche diseguali, ma è il grande pubblico che conferisce al libro l'impronta dell'intramontabile bestseller.

1924/1931

In questi anni scrive e pubblica intensamente: *Sand and Foam* (*Sabbia e schiuma*, Knopf, New York, 1926), considerata insieme a *Il Profet*a la sua più riuscita opera; *Jesus the Son of Man* (*Gesù il figlio dell'uomo,* Knopf, New York, 1928); *The Earth Gods* (*Le divinità della terra*, Knopf, New York, 1931). Dedica anche molto tempo alla pittura.

1931

Il 10 aprile, all'età di 47 anni, Kahlil Gibran muore a New York. Era da molto tempo sofferente di cirrosi epatica e di tubercolosi a un polmone. Sarà in seguito sepolto, per suo espresso desiderio, nel Libano, la terra di origine verso cui nutrì una costante, intensa e sofferta nostalgia.

* * *

Le opere di Kahlil Gibran pubblicate postume (e talora incompiute) comprendono: *The Wanderer* (*L'errante*, Knopf, New York, 1932); *The Garden of the Prophet* (*Il giardino del Profeta*, Knopf, New York, 1933); *Prose Poems* (*Poesie in prosa*, Knopf, New York, 1934); *The Procession* (*La processione*, Kheirallah, s.l., 1947); *Tears and Laughter* (*Lagrime e risa*, Philosophical Library, New York, 1947); *Spirits Rebellious* (*Spiriti ribelli*, Philosophical Library, New York, 1947); *Secrets of the Heart* (*Segreti del cuore*, Philosophical Library, New York, 1947); *Nymphs of the Valley* (*Ninfe della valle*, Knopf, New York, 1948); *A Tear and a Smile* (*Una lagrima e un sorriso*, Knopf, New York, 1950).

IL PROFETA

Almustafa, l'eletto e il benamato, aurora del suo stesso giorno, aveva atteso dodici anni nella città di Orfalese la nave che doveva tornare e riportarlo all'isola dei suoi natali.

E il dodicesimo anno, nel settimo giorno di Ielùl, mese della mietitura, salì sul colle oltre le mura della città e guardò verso il mare; e scorse la sua nave venire nella foschia.

Allora gli si spalancarono i portali del cuore, e la sua gioia volò alta sopra il mare. E lui chiuse gli occhi pregando nei silenzi dell'anima.

Ma mentre scendeva dal colle, una malinconia lo colse e pensò allora nel suo cuore:

Come potrò andarmene in pace e senza dolore? No, non senza una ferita nello spirito lascerò questa città.

Lunghi sono stati i giorni di dolore che ho trascorso tra le sue mura, lunghe le notti di solitudine; e chi mai può allontanarsi dal proprio dolore e dalla propria solitudine senza un rimpianto?

Troppi frammenti dello spirito ho sparso in queste strade, troppi sono i figli del mio desiderio che vagano ignudi tra queste alture, e non so ritrarmi da loro senza una fatica e una pena.

Non un abito mi tolgo in questo giorno, ma una pelle che mi strappo con le stesse mie mani.

Non un pensiero lascio alle mie spalle, ma un cuore reso dolce dalla fame e dalla sete.

Tuttavia indugiar oltre non posso.

Il mare che chiama a sé ogni cosa ora mi chiama, e devo imbarcarmi.

Giacché restare, anche se nella notte ardono le ore, è farmi ghiaccio e cristallo, è costringermi in uno stampo.

Davvero porterei con me tutto quanto è qui. Ma come fare?

Una voce non può recare con sé lingua e labbra che le hanno dato l'ali. Sola, deve cercare il cielo.

E sola e senza nido deve l'aquila volare attraverso il sole.

Giunto ai piedi del colle guardò nuovamente il mare, e vide la sua nave approssimarsi al porto e sulla prua i marinai, gli uomini della sua terra.

E l'anima sua gridò verso di loro, e lui disse:

Figli della mia madre antica, voi che cavalcate le maree,

Quante volte avete veleggiato nei miei sogni! E ora giungete nella mia veglia, che è il sogno mio più profondo.

Sono pronto a partire, e la mia impazienza con ogni vela attende il vento.

Ancora un respiro in quest'aria ferma, ancora uno sguardo d'amore a ciò che lascio,

E poi sarò tra voi, navigante tra i naviganti.

E tu, vasto mare, madre insonne,

Che unico sei pace e libertà per il fiume e il ruscello,

Appena un'altra curva avrà questo ruscello, appena un altro mormorio in questa rada,

E sarò a te, goccia infinita all'infinito oceano.

E camminando vide nella lontananza uomini e donne lasciare i campi e i vigneti e affrettarsi verso le porte della città.

E udì le loro voci chiamare il suo nome, e gridare da campo a campo annunciandosi l'un l'altra l'arrivo della sua nave.

E a se stesso disse:

Sarà dunque il giorno della separazione giorno di raccolto?

E questa mia vigilia sarà in verità chiamata la mia aurora?

E cosa potrò offrire a chi ha abbandonato l'aratro a metà solco, o ha fermato la ruota del suo torchio?

Diverrà il mio cuore un albero carico di frutti ch'io possa raccogliere e offrire loro?

E i miei desideri sgorgheranno come una fonte a cui riempire le loro coppe?

Sono dunque un'arpa che la mano del potente può sfiorare, o un flauto che il soffio suo può attraversare?

Uno scrutatore di silenzi io sono, e quale tesoro ho trovato nei silenzi che io possa dispensare con fiducia?

Se questo è il mio giorno del raccolto, in quali campi ho sparso il seme, e in quali dimenticate stagioni?

Se questa invero è l'ora in cui levo alta la mia lanterna, non mia è la fiamma che vi arderà.

Vuota e buia alzerò la mia lanterna,

E il guardiano della notte la riempirà d'olio e poi l'accenderà.

Queste cose disse con parole. Ma molto gli rimase nel cuore di non detto. Poiché lui stesso non sapeva dare voce al suo più riposto segreto.

E quando entrò nella città tutto il popolo gli venne incontro, e lo accolse con un'unica grande voce.

Allora gli anziani della città si fecero avanti e dissero:

Ancora non ci lasciare.

Un meriggio sei stato nel nostro crepuscolo, e la tua giovinezza ci ha dato sogni da sognare.

Non uno straniero sei tra noi, né un ospite, ma il nostro figlio benamato.

Ancor non togliere ai nostri occhi la consolazione del tuo volto.

E i sacerdoti e le sacerdotesse gli dissero:

Fa che le onde del mare ancor non ci separino, e che non diventino ricordo gli anni che hai trascorso insieme a noi.

Come spirito hai camminato tra di noi, e l'ombra tua è stata luce sui nostri volti.

Molto ti abbiamo amato. Ma senza parole è stato il nostro amore, ammantato di veli.

Ma ecco, altisonante si annuncia ora a te, e vuole rivelarsi.

Sempre l'amore ignora la sua profondità se non nell'ora del distacco.

E altri ancora vennero per trattenerlo. Ma lui nulla rispose. Chinò solamente il capo; e chi gli stava accanto vide le lagrime cadergli sul petto.

Così lui e il popolo avanzarono verso la grande piazza del tempio.

Uscì dal santuario una donna il cui nome era Almitra. Ed era una veggente.

Lui la guardò con tenerezza infinita giacché per prima lo aveva cercato, credendo in lui sin dal giorno del suo arrivo nella città.

E lei lo salutò dicendo:

Profeta di Dio, tu che cerchi l'assoluto, da molto tempo scruti le lontananze per vedere la tua nave.

E ora la tua nave è giunta, e devi andare.

Profonda è la nostalgia che hai per la terra dei tuoi ricordi, per la dimora dei tuoi più grandi desideri; e il nostro amore non ti sarà una catena né ti tratterranno le nostre necessità.

Ma prima che tu ci lasci questo a te chiediamo, che parlandoci tu ci dia qualcosa della tua verità.

E noi la daremo ai nostri figli ed essi ai loro, cosicché non perirà.

Nella solitudine hai osservato i nostri giorni, e nelle tue veglie hai ascoltato il pianto e il riso del nostro sonno.

Or dunque svelaci a noi medesimi, spiegaci quanto hai veduto di ciò che sta tra nascita e morte.

E lui rispose,

Gente di Orfalese, di cosa posso parlare se non di quello che già ora si muove nelle vostre anime?

Disse allora Almitra: «Parlaci dell'Amore».

E lui sollevò il capo e guardò verso il popolo, e scese una grande quiete. E con voce intensa disse:

Quando l'amore vi chiama, seguitelo,

Sebbene le sue vie siano difficili ed erte,

E quando vi avvolge con le sue ali, cedetegli,

Anche se la lama nascosta tra le piume potrà ferirvi.

Quando vi parla, credetegli,

Sebbene la sua voce possa frantumare i vostri sogni così come il vento del nord arreca scompiglio al giardino.

Poiché nel mentre che l'amore vi incorona così vi crocefigge. Mentre vi accresce così vi taglia per potarvi.

Mentre ascende alle vostre altezze e carezza i vostri più teneri rami palpitanti al sole,

Così penetra fino alle vostre radici scuotendole nel loro abbraccio alla terra.

Come pannocchie di granturco vi raccoglie in sé.

Vi batte fino a farvi spogli.

Vi staccia per liberarvi dai cartocci.

Vi macina fino al candore.

V'impasta sinché siete cedevoli;

E poi vi consegna al suo sacro fuoco, così che possiate diventare pane sacro per la sacra mensa di Dio.

Tutto questo provocherà l'amore in voi affinché possiate conoscere i segreti del vostro cuore, e per questa conoscenza divenire un frammento del cuore della Vita.

Ma se, timorosi, nell'amore cercate soltanto la tranquillità e il suo piacere,

Allora meglio per voi che ricopriate le vostre nudità allontanandovi dall'aia dell'amore,

Nel mondo senza stagioni dove riderete, ma non tutte le vostre risa, e piangerete, ma non tutte le vostre lagrime.

L'amore nulla dà se non se stesso e nulla prende se non da se stesso.

L'amore non possiede né vuole essere posseduto;

Poiché l'amore basta all'amore.

Quando amate non dovreste dire: «Dio è nel mio cuore», bensì: «Io sono nel cuore di Dio».

E non pensate di poter dirigere il corso dell'amore giacché, se vi trova degni, è l'amore che dirige il vostro corso.

L'amore non desidera che appagare se stesso.

Ma se amando dovete avere dei desideri, essi siano questi:

Sciogliersi ed essere come un ruscello che scorrendo canta alla notte la sua melodia.

Conoscere il dolore della troppa tenerezza.

Ferirsi di comprensione dell'amore;

E sanguinare volentieri e con gioia.

Risvegliarvi all'alba con un cuore alato e ringraziare per un nuovo giorno d'amore;

Riposare nell'ora del meriggio e meditare dell'amore l'estasi;

Grati rincasare nella sera;

E poi assopirsi con una preghiera per l'amato in cuore e sulle labbra un cantico di lode.

Allora Almitra parlò ancora e disse: «E il Matrimonio, maestro?».

E lui rispose dicendo:

Insieme siete nati, e insieme sarete in eterno.

Voi sarete insieme quando le ali bianche della morte disperderanno i vostri giorni.

Sì, voi sarete insieme finanche nella silenziosa memoria di Dio.

Vi siano però spazi nella vostra unione,

Così che i venti celesti possano danzare tra di voi.

Amatevi l'un l'altro, ma non rendete schiavitù l'amore:

Sia piuttosto un mare che si muove tra le rive delle vostre anime.

Riempitevi l'un l'altro le coppe ma non bevete da una coppa soltanto.

Donatevi l'un l'altro il vostro pane ma non mangiate da un medesimo boccone.

Cantate e danzate insieme e siate lieti, ma che ognuno di voi sia solo,

Come le corde del liuto sono sole sebbene vibrino della medesima musica.

Donatevi il cuore, senza però affidarvelo l'un l'altro.

Poiché solo la mano della Vita può contenere i vostri cuori.

E restate l'uno accanto all'altro ma non troppo vicini:

Le colonne del tempio s'ergono separate tra loro,

E la quercia e il cipresso non crescono l'una nell'ombra dell'altro.

E una donna che reggeva un bimbo al seno disse: «Parlaci dei Figli».

E lui disse:

I vostri figli non sono figli vostri.

Sono i figli e le figlie della brama che la Vita ha di se stessa.

Essi vengono attraverso voi ma non da voi,

E sebbene siano con voi non vi appartengono.

Potete donare loro il vostro amore ma non i vostri pensieri.

Poiché hanno pensieri loro propri.

Potete dare rifugio ai loro corpi ma non alle loro anime,

Giacché le loro anime albergano nella casa di domani, che voi non potete visitare neppure in sogno.

Potete tentare d'essere come loro, ma non di renderli come voi siete.

Giacché la vita non indietreggia né s'attarda sul passato.

Voi siete gli archi dai quali i figli vostri, viventi frecce, sono scoccati innanzi.

L'Arciere vede il bersaglio sul sentiero dell'infinito, e vi tende con la sua potenza affinché le sue frecce possano andare veloci e lontano.

Sia gioioso il vostro tendervi nella mano dell'Arciere;
Poiché se ama il dardo sfrecciante, così ama l'arco che saldo rimane.

Poi un uomo ricco disse: «Parlaci del Dare».

E lui rispose:

Voi date poca cosa dando ciò che possedete.

È quando date voi stessi che date veramente.

Infatti, cosa possedete se non ciò che custodite e proteggete temendo che vi manchi domani?

E domani, che porterà il domani al cane troppo prudente che bada a seppellire l'osso nell'immacolata sabbia mentre dietro ai pellegrini va verso la città santa?

E cos'è la paura del bisogno se non il bisogno stesso?

Non è il terrore d'avere sete quando il pozzo è colmo una sete che non si sazia?

C'è chi dona del molto che possiede e lo fa per averne riconoscimento, ma questo segreto desiderio rende bacato ciò che dà.

C'è chi ha poco e lo dona tutto.

Come lui sono i credenti nella vita e nelle ricchezze della vita, e la loro borsa non è mai vuota.

C'è chi dona con gioia, e in quella gioia sta la sua ricompensa.

E c'è chi dà con sofferenza, e in quella sofferenza sta la sua purificazione.

E c'è chi dona senza conoscere sofferenza, né ricercare gioia o merito alcuno;

Dona così come nella valle laggiù il mirto alita la sua fragranza nell'aria.

È con le mani di persone siffatte che Dio parla, ed è da dietro i loro occhi ch'Egli sorride alla terra.

Buona cosa è dare quand'è richiesto, molto meglio quando nessuno chiede, donando per comprensione;

Così, per il generoso la ricerca di chi possa ricevere è gioia più intensa ancora del dare.

C'è forse qualcosa che vorreste trattenere?

Tutto quanto possedete un giorno sarà dato;

E quindi date ora, così che la stagione dei doni possa esser vostra e non dei vostri eredi.

Sovente voi dite: «Vorrei dare, ma solo al meritevole».

Le piante del vostro frutteto non dicono così, e nemmeno le greggi nel vostro pascolo.

Esse danno al fine di poter vivere, giacché trattenere vuol dir morire.

Chi merita di ricevere i suoi giorni e le sue notti è certo degno di ricevere da voi ogni altra cosa.

E chi ha meritato di bere dal mare della vita merita di riempire la sua coppa al vostro piccolo ruscello.

Quale maggiore merito potrà mai esserci di quello che sta nel coraggio e nella fiducia, anzi nella carità di chi riceve?

E chi mai siete voi che gli uomini debbano strapparsi il petto e denudare il loro orgoglio affinché vediate nudo il loro merito e sfacciatamente la loro fierezza?

Badate anzi tutto d'essere voi degni di dare, divenendo del dare uno strumento.

Poiché in verità è la vita che dà alla vita mentre voi,

che vi reputate donatori, non siete che astanti.

Quanto a voi che ricevete — e voi tutti ricevete — non caricatevi del peso della gratitudine, che può diventare giogo su voi e su chi vi ha dato.

Piuttosto levatevi come in volo con chi ha dato e con i suoi doni;

Giacché dedicare troppo pensiero al vostro debito è dubitare della generosità che ha la terra feconda come madre, e come padre Dio.

Allora un vecchio oste domandò: «Parlaci del Mangiare e del Bere».

E lui disse:

Se solo poteste vivere della fragranza della terra, e come un'aerea pianta sostentarvi con la luce.

Ma siccome dovete uccidere per mangiare, e rubare al nuovo nato il latte materno per saziare la vostra sete, che sia allora un atto d'adorazione,

Sia la vostra mensa un altare su cui i puri e gli innocenti del bosco e del piano sono sacrificati a ciò che è ancor più puro e innocente nell'uomo.

Quando uccidete un animale ditegli nel vostro cuore:

«Dal medesimo potere che abbatte te anch'io sarò abbattuto; e anch'io sarò consumato.

Poiché la legge che ti ha consegnato in mia mano consegnerà me in una mano più possente.

Il sangue tuo e il sangue mio sono linfa che nutre l'albero del cielo».

E quando mordete una mela, ditele nel vostro cuore:

«I tuoi semi vivranno nel mio corpo,

E i germogli del tuo domani fioriranno nel mio cuore,

E la tua fragranza sarà il mio respiro,

E insieme goderemo le stagioni».

E d'autunno, quando raccogliete per il torchio i grappoli dalle vigne, dite nel vostro cuore:

«Anch'io sono vigna, e il mio frutto verrà raccolto per il torchio,

E come vino novello sarò conservato in orci eterni».

E nell'inverno, quando spillate il vino, che sia nel vostro cuore per ogni coppa un canto;

E lasciate ch'esso rechi un ricordo dei giorni dell'autunno, e della vigna, e del torchio.

Poi un contadino disse: «Parlaci del Lavoro».

E lui rispose dicendo:

Voi lavorate per stare al passo della terra e dell'anima della terra.

Giacché essere pigri è estraniarsi dalle stagioni, uscire dalla processione della vita che solenne e in fiera sottomissione avanza verso l'infinito.

Quando lavorate siete un flauto nel cui cuore il mormorio delle ore diviene musica.

Chi tra voi ambirebbe essere una muta canna silente, quando ogni altra cosa canta all'unisono?

Sempre vi è stato detto che il lavoro è una maledizione e la fatica una sventura.

Ma io vi dico che lavorando esaudite una parte del sogno più remoto della terra, a voi affidato allorché quel sogno nacque,

E sostenendovi con la fatica voi in verità state amando la vita,

Così, l'amarla sforzandovi nel lavoro è entrare in comunione col suo più riposto segreto.

Ma se nella vostra pena definite il nascere un'afflizione e il sostentamento della carne una maledizione scritta in fronte, allora vi rispondo che nulla fuorché il sudore della fronte potrà cancellare quel che vi sta scritto.

Vi è stato anche detto che la vita è tenebra, e nella stanchezza fate eco a ciò che gli stanchi han detto.

Ma io vi dico che la vita è invero tenebra se manca il desiderio,

E ogni desiderio è cieco se manca la conoscenza,

E ogni conoscenza è vana se manca il lavoro,

E ogni lavoro è vuoto se manca l'amore;

E quando lavorate con amore voi vincolate voi stessi a voi stessi, e l'uno all'altro, e a Dio.

Cos'è, lavorare con amore?

È tessere un panno con fili del vostro cuore, come se quel panno fosse per chi voi amate.

È costruire con affetto una casa, come se ad abitarvi dovesse entrarci chi voi amate.

È spargere i semi con tenerezza e poi raccogliere nella gioia, come se a mangiare di quei frutti dovesse essere chi voi amate.

È impregnare tutto ciò che voi fate con un alito del vostro spirito,

Sapendo che tutti i venerati morti vi stanno intorno e v'osservano.

Sovente vi ho sentiti dire, come parlando nel dormiveglia: «Colui che lavora il marmo e scavandolo trova l'immagine della propria anima, è più nobile di chi ara la terra.

E colui che afferra l'arcobaleno e lo stende su una tela nell'effigie dell'uomo, vale più di chi foggia i nostri calzari».

Ma io vi dico, non nel dormiveglia ma nel desto e vigile fulgore del meriggio: il vento parla con dolcezza eguale alla quercia gigante e all'ultimo dei fili d'erba;

Grande è soltanto colui che trasforma la voce del vento in un canto reso più dolce dal proprio amore.

Il lavoro è amore visibile.

E se non potete lavorare con amore ma solo con disgusto, meglio allora che l'abbandoniate andandovi a sedere ai cancelli del tempio per ricevere l'elemosina da chi lavora con gioia.

Se difatti cuocete il pane nell'indifferenza, voi preparate un pane amaro che poco sfama l'uomo.

E se di malavoglia pigiate l'uva, nel vino il vostro sentimento distilla un veleno.

E se pure cantate come angeli, ma senza amare il canto, rendete l'uomo sordo alle voci del giorno e a quelle della notte.

Disse allora una donna: «Parlaci della Gioia e del Dolore».

E lui rispose:

La vostra gioia non è che il vostro dolore senza maschera.

E il medesimo pozzo da cui sgorga il vostro riso più volte si è riempito delle vostre lagrime.

Come può essere se non così?

Più profondamente scava il dolore nel vostro essere, e più è la gioia che potete contenere.

Non è la coppa che contiene il vostro vino quella stessa che il vasaio ha arso nel suo forno?

E non è il liuto che vi distende lo spirito quello stesso legno che le lame hanno incavato?

Quando siete lieti guardate a fondo nel vostro cuore e troverete che la gioia proviene da ciò che vi aveva dato dolore.

Quando siete nel dolore guardatevi ancora nel cuore, e vedrete che in verità piangete per ciò che è stato il vostro diletto.

Alcuni tra voi dicono: «La gioia è più grande del dolore», e dicono altri: «No, più grande è il dolore».

Ma a voi io dico che sono inseparabili.

Insieme giungono, e quando l'una siede con voi

alla vostra mensa, ricordate che l'altro dorme nel vostro letto.

In verità siete sospesi come bilance tra la gioia in voi e il dolore.

Solo se siete vuoti restate immobili e in equilibrio.

Allorché il tesoriere vi solleva per pesare l'oro suo e l'argento, non possono la vostra gioia e il dolore non alzarsi o ricadere.

Venne allora avanti un muratore, che domandò: «Parlaci delle Case».

E lui rispose, dicendo:

Costruitevi con la fantasia un capanno nel deserto prima di erigervi una casa entro le mura della città.

Infatti, nei crepuscoli voi fate ritorno alla casa, e anche l'errante in voi, remoto sempre e solitario, ambisce questi ritorni.

La casa è il vostro più ampio corpo.

Cresce nel sole e dorme nella quiete silenziosa della notte; e non è priva di sogni. Non sogna forse la vostra casa? E sognando non abbandona la città per il bosco o la collina?

Come vorrei raccogliere le vostre case nella mia mano, e come il seminatore sparpagliarle nelle foreste e sui prati.

Potessero le valli essere le vostre strade, e i verdi sentieri i vostri vicoli, così da cercarvi l'un l'altro tra i vigneti, accogliendovi a vicenda con il profumo della terra negli abiti.

Ma per ciò non è ancora il tempo.

Nella loro paura i vostri antenati vi hanno radunati troppo stretti insieme. E quella paura perdurerà ancora un poco. Ancora un poco le mura della vostra città separeranno i vostri focolari dai campi.

E ditemi, gente d'Orfalese, che tenete in queste case? Cos'è che proteggete con le sbarre agli usci?

Forse la pace, il quieto desiderio che rivela in voi la forza?

Forse ricordi, questi risplendenti archi che sorreggono della mente le sommità?

Forse la bellezza, quella che sa condurvi dai legni e dalle pietre lavorate al sacro monte?

Ditemi, custodite tutto ciò nelle vostre case?

Oppure è solo la comodità ch'esse contengono, e la brama di comodità che subdola si fa ospite nella casa, e poi ne diventa la padrona e poi ancora il despota?

Sì, e con rampino e frusta vi rende i burattini dei vostri intensi desideri.

Sebbene siano seta le sue dita, ha il cuore duro come il ferro.

Vi culla sino al sonno per poi deridere accanto al letto la dignità della carne.

Schernisce i vostri sensi saldi, e li dispone sul fieno come fragili vasi.

In verità la brama di comodità uccide la passione dell'anima, e va poi ridendo al suo funerale.

Ma voi, figli degli spazi, irrequieti nella quiete, non cederete all'insidia né sarete domati.

La vostra casa non sarà àncora ma albero di nave.

Non sarà la smagliante membrana che ricopre una ferita, ma una palpebra che protegge la pupilla.

Non ripiegherete le ali per attraversare l'uscio, ne chinerete il capo per non urtare la volta, né tratterrete il respiro temendo che fendendosi i muri crollino.

Non abiterete sepolcri edificati dai morti per i viventi.

E per quanto sontuose e piene di sfarzo, le vostre case non potranno conservare il vostro segreto né albergare le vostre aspirazioni.

Poiché quel che in voi non ha confini alberga nella dimora del cielo, la cui porta è la bruma del mattino e le cui finestre sono i canti e i silenzi della notte.

E un tessitore disse: «Parlaci degli Abiti».

E lui rispose:

I vostri abiti nascondono molta della vostra bellezza, ma non quel che non è bello.

Benché negli abiti ricerchiate la libertà del privato, in essi potreste finire imbrigliati e con catene.

Come vorrei vedervi accogliere e sole e vento con la pelle del corpo e non con i troppi indumenti,

Poiché il respiro della vita è nella luce del sole e la sua mano sta nel vento.

Taluni di voi dicono: «È il vento del nord che ci tesse gli abiti».

E io vi dico, Sì, è il vento del nord,

Ma la vergogna è il suo telaio, e l'indebolito vigore la sua trama.

E quando il suo lavoro è compiuto eccolo ridere nei boschi.

Non dimenticate che la modestia vi fa scudo contro lo sguardo impuro.

E quando l'impuro sarà scomparso cosa sarà la modestia se non un impaccio per la mente?

Né dimenticate mai quanto la terra goda a sentire i vostri piedi nudi e quanto il vento abbia voglia di giocare coi vostri capelli.

Un mercante disse: «Parlaci del Comperare e del Vendere».

E lui rispose e disse:

A voi la terra cede i frutti, e mai sarete nel bisogno se solo saprete come riempirvene le mani.

È nello scambiarvi i doni della terra che troverete l'abbondanza e sarete appagati.

Ma se lo scambio non avverrà nell'amore e nella giustizia generosa, condurrà taluni all'ingordigia e altri alla fame.

Quando al mercato voi lavoratori del mare, dei campi e dei vigneti incontrate i tessitori, i vasai e gli speziali,

Invocate lo spirito supremo della terra affinché venga tra voi e consacri le bilance e diriga il giudizio che confronta valore a valore.

Non tollerate che quelli dalle mani sterili abbiano parte nei vostri commerci offrendo ciance in cambio della vostra fatica.

A uomini siffatti dovreste dire:

«Unitevi a noi nei campi, o coi nostri fratelli andate sul mare a gettare le reti;

Poiché terra e mare saranno generosi con voi quanto con noi».

Ma se giungono i cantori e i danzatori e suonatori di flauto, — comperate i doni che anche loro recano.

Poiché anch'essi raccolgono frutti e incensi e ciò che offrono, seppure fatto della materia dei sogni, è ornamento e cibo per l'anima vostra.

E prima di lasciare il mercato, badate che nessuno se ne sia allontanato a mani vuote.

Poiché lo spirito supremo della terra non dormirà in pace nel vento sinché non siano soddisfatti i bisogni anche dell'ultimo di voi.

Poi uno dei giudici della città si fece avanti e disse: «Parlaci del Delitto e del Castigo».

E lui rispose, dicendo:

È quando il vostro spirito se ne va errando con il vento,

Che voi, soli e senza vigilanza, fate torto agli altri e quindi a voi medesimi.

E per il torto commesso dovete bussare e attendere un momento inascoltati al cancello dei beati.

Come l'oceano è il divino in voi.

In eterno resta incontaminato.

E come l'etere solleva soltanto chi ha l'ali.

E anche come il sole è il divino in voi;

Ignora i meandri della talpa ed evita le buche del serpente.

Ma il divino in voi non è solo.

Molto in voi è ancora uomo, e molto non è ancora uomo,

Bensì pigmeo informe che addormentato vaga nella nebbia in cerca del proprio risveglio.

È dell'uomo in voi che vi vorrei parlare.

Poiché è lui, non il divino né il pigmeo, che conosce il delitto e il suo castigo.

Sovente vi ho sentito parlare di chi ha sbagliato

come di un estraneo a voi e di un intruso nel vostro mondo.

Però vi dico che così come il santo e il giusto non si possono elevare al di sopra di ciò che in voi è più alto,

Così il malvagio e il debole non possono cadere al di sotto di ciò che in voi è più basso.

Così come la foglia non ingiallisce senza il muto assenso dell'albero tutto,

Anche chi erra non può farlo senza il nascosto volere d'ogni altro di voi.

Come in una processione camminate insieme verso il divino che è in voi.

Voi siete la via e voi siete i viandanti.

E quando uno di voi cade lo fa per chi gli va dietro, avvertimento contro la pietra d'inciampo.

Sì, e cade anche per chi l'ha preceduto, che pure più veloce e sicuro di piede non ha tuttavia rimosso la pietra d'inciampo.

E poi questo a voi dico, seppur le parole pesino sui vostri cuori:

La vittima non è senza responsabilità nel proprio assassinio,

E il derubato non è senza colpa nel furto subito.

Il giusto non è innocente delle azioni del malvagio,

E chi ha candida mano non è mondato dalle brighe dell'empio.

Sì, il colpevole è sovente vittima di chi lui ha offeso,

E ancor più sovente il condannato regge il fardello di chi incede senza colpa e senza biasimo.

Non potete separare il giusto dall'ingiusto e il buono dal cattivo;

Essi insieme stanno davanti al sole così come il

filo bianco e quello nero tessuti sono l'uno all'altro.

E quando il nero si spezza, il tessitore è nella tela tutt'intera che va a guardare, e anche nel telaio.

Se qualcuno di voi volesse portare a giudizio la sposa infedele,

Soppesi anche il cuore del marito e ne misuri l'anima.

E chi volesse frustare l'offensore osservi lo spirito dell'offeso.

E se tra voi c'è chi volesse portar castigo in nome di ciò che è giusto e porre la scure contro l'albero maligno, che ne guardi le radici;

E in verità troverà le radici del buono e del cattivo, di ciò che dà frutto e di ciò che non ne dà, avvinte insieme nel muto cuore della terra.

E voialtri giudici che vorreste essere giusti,

Quali giudizi pronunziate su colui che pur onesto nella carne è ladro nello spirito?

Quale pena infliggete a colui che uccide nella carne ma è lui stesso ucciso nello spirito?

E come processate chi nei fatti inganna e opprime,

Ma è a sua volta afflitto e oltraggiato?

E come castigherete voi coloro il cui rimorso è già più grande del loro misfatto?

Non è forse il rimorso la giustizia amministrata da quella stessa legge che ambite servire?

Ma come potrete imporre il rimorso all'innocente o strapparlo dal cuore del colpevole?

Inatteso si presenterà nella notte, così che gli uomini destandosi scrutino se stessi.

Voi che vorreste capire la giustizia, come riuscirci se non valutando ogni azione nel fulgore pieno della luce?

Soltanto allora comprenderete che chi s'erge e chi

cade non sono che un unico uomo ritto nel fievole lucore che sta tra la notte del pigmeo in lui e il giorno del divino in lui,

E che la pietra angolare del tempio non è più alta della più bassa pietra delle sue fondamenta.

Allora un avvocato disse: «E le nostre Leggi, maestro?».

E lui rispose:

Voi godete nell'emanare leggi,

Ma più ancora godete a trasgredirle,

Simili a bambini che in riva al mare erigono con costanza castelli di sabbia per poi distruggerli ridendo.

Mentre però erigete questi vostri castelli il mare reca nuova sabbia alla riva,

E quando li distruggete il mare ride con voi.

In verità, sempre ride il mare con gl'innocenti.

Ma che dire di coloro per i quali la vita non è un mare, e le leggi degli uomini non sono castelli di sabbia,

Per i quali la vita è roccia, e la legge uno scalpello con cui inciderla a loro immagine e somiglianza?

Che dire dello zoppo che ha in odio i danzatori?

E del bue che amando il giogo reputa l'alce e il capriolo creature vagabonde senz'arte alcuna?

E della vecchia serpe che più non squama e ritiene gli altri sfrontati e nudi?

Che dire di chi presto arriva al banchetto nuziale per poi, satollo e stanco, allontanarsi proclamando ogni banchetto fuorilegge e i convitati tutti trasgressori?

Che dovrei io dire di costoro se non che stanno anch'essi innanzi al sole, rivolgendogli però la schiena?

Vedono soltanto le proprie ombre, ed esse sono le loro leggi.

Il sole per loro è solo ciò che proietta l'ombra.

Cos'è l'inchinarsi alle leggi se non un piegarsi per tracciare in terra l'ombra propria?

Quando però avanzate col volto al sole, quali immagini tracciate sulla terra potranno mai imbrigliarvi?

Voi che viaggiate con il vento, quale banderuola potrà mai dirigere il vostro incedere?

Quale umana legge potrà legarvi se spezzerete il giogo ma non contro l'uscio della cella altrui?

Quali leggi temerete se danzerete ma non inciampando sulle altrui catene?

E chi potrà mai condurvi a giudizio se pure vi strapperete gli abiti di dosso ma non abbandonandoli sull'altrui sentiero?

Gente di Orfalese, potete attutire il rullo del tamburo, e allentare le corde della lira, ma chi potrà ordinare all'allodola di non cantare?

E un oratore disse: «Parlaci della Libertà».

E lui rispose:

Alle porte della città e accanto ai vostri focolari vi ho visti prostrarvi e adorare la vostra stessa libertà,

Così come gli schiavi si umiliano davanti al tiranno e lo lodano sebbene lui li abbatta.

Sì, tra gli alberi del tempio e nell'ombra della cittadella ho veduto i più liberi tra voi portare come un giogo e una catena la loro libertà.

E il mio cuore sanguinò; giacché poterete essere liberi soltanto quando vi peserà finanche il desiderio d'essere liberi, e quando più non parlerete della libertà come di un fine e di un compimento.

Voi sarete invero liberi quando i vostri giorni avranno il loro affanno e le vostre notti bisogno e dolore,

Liberi sarete quando stretti da tutto ciò riuscirete comunque a ergervi nudi e senza vincoli.

Ma come elevarvi oltre i vostri giorni e le vostre notti se non spezzando le catene con cui agli albori della vostra comprensione avete cinto il vostro meriggio?

Invero, voi chiamate libertà la più forte di queste catene, sebbene i suoi anelli risplendano al sole abbagliandovi lo sguardo.

E cosa vorreste gettare per essere liberi se non frammenti di voi medesimi?

Se è un'ingiusta legge che volete abolire, essa fu scritta di mano vostra sulla vostra fronte.

Non potrete cancellarla mettendo al rogo i libri delle vostre leggi né lavando la fronte ai vostri giudici, se anche riversaste su di loro il mare.

E se è un despota che vorreste destituire, badate prima che distrutto sia il suo trono in voi.

Infatti, come può un tiranno regnare sui liberi e sui fieri, se non per una tirannia che si agita nella stessa loro libertà e una vergogna che oscura la stessa loro fierezza?

E fosse un affanno che volete respingere, badate: voi l'avete scelto e non vi è stato imposto.

Se è una paura che vorreste disperdere, essa ha sede nel vostro cuore e non nella mano di chi temete.

In verità le cose tutte si muovono nel vostro essere in un continuo semiabbraccio e così desiderio e paura, ripugnanza e attrazione, voglia e disgusto.

In voi si agitano queste cose come luci e ombre insieme strette.

E quando l'ombra disperdendosi più non è, la luce che permane diviene ombra per un'altra luce.

Così la libertà vostra quando smette le catene diviene essa stessa catena a una più grande libertà.

E di nuovo avanzò la sacerdotessa e disse: «Parlaci della Ragione e della Passione».

E lui rispose, dicendo:

L'anima vostra è sovente un campo di battaglia sul quale ragione e giudizio si scontrano con le passioni e gli appetiti in voi.

Potessi far da paciere nell'anima vostra, e tramutare la discordia e la rivalità dei vostri elementi in una sola armonia!

Ma come potrò io riuscirvi, se anche voi non sarete i fautori della pace, se non amerete ogni vostro elemento?

La vostra ragione e la vostra passione sono il timone e la vela dell'anima che sull'oceano errando va.

Se la vela cede o il timone si spezza, finite senz'ordine alla deriva, o immobili restate in mezzo al mare.

Poiché se soltanto la ragione comanda è forza che imprigiona; e la passione priva di controllo alcuno è fiamma che brucia e si distrugge.

Lasciate quindi che l'anima vostra esalti la vostra ragione fino alla passione, cosicché possa cantare;

E che diriga la passione con la ragione, cosicché possa risorgere ogni giorno e come fenice innalzarsi sopra le proprie ceneri.

Vorrei consideraste il giudizio e l'appetito come due benamati ospiti nella vostra casa.

Non dareste certo più onore all'uno a scapito dell'altro; giacché chi ha più cura di uno perde l'amore e la fiducia d'entrambi.

Quando tra le colline sedete nella frescura dei pioppi bianchi e condividete la quiete e la serenità dei campi e dei prati lontani – ebbene, lasciate che il cuore dica in silenzio: «Dio riposa nella ragione».

E quando la tempesta giunge, e il vento possente scuote il bosco, e tuoni e lampi proclamano la maestà del cielo – allora che il cuore vostro dica riverente: «Dio si muove con passione».

E poiché siete un alito nella sfera di Dio, e una foglia della sua foresta, voi anche dovreste riposare nella ragione e muovervi con passione.

E una donna parlò, dicendo: «Spiegaci il Dolore».

E lui disse:

Il dolore per voi è lo spezzarsi del guscio che racchiude la vostra comprensione.

Come il nocciolo del frutto deve rompersi affinché il suo cuore sia esposto al sole, così voi dovete conoscere il dolore.

Se solo conservaste in cuore lo stupore per i quotidiani miracoli della vita, il dolore non vi parrebbe meno meraviglioso della gioia;

E accettereste le stagioni del cuore come avete accettato sempre le stagioni che sui campi si susseguono.

Così, attraversereste serenamente gli inverni del vostro dolore.

Molto del dolore che provate è da voi stessi scelto.

È l'amara pozione con cui il medico che sta in voi guarisce l'infermo che anche è in voi.

Confidate dunque nel medico, e bevete il suo rimedio in sereno silenzio:

Poiché la sua mano, seppur pesante e dura, è guidata da quella tenera dell'Invisibile,

E la coppa che vi porge, benché bruci le vostre labbra, è fatta con la creta che il Vasaio ha inumidito con le sue stesse sacre lagrime.

E un uomo disse: «Parlaci della Conoscenza di sé».

E lui rispose dicendo:

Il vostro cuore conosce nel silenzio i segreti dei giorni e delle notti.

Ma il vostro orecchio brama il suono della conoscenza che il cuore ha.

Vorreste sapere con le parole ciò che da sempre conoscete nel pensiero.

Vorreste toccare con le dita il corpo nudo dei vostri sogni.

Ed è bene sia così.

La nascosta sorgente dell'anima dovrà pur sgorgare e correre mormorando al mare;

E il tesoro dell'infinita vostra profondità dovrà pur rivelarsi al vostro sguardo.

Ma non vi siano bilance a pesare questo tesoro ignoto;

Né sondate le profondità della conoscenza in voi con asta o scandaglio.

Poiché il vostro io è infinito e sconfinato mare.

Non dite: «Ho trovato la verità», ma piuttosto: «Ho trovato una verità».

Né dite: «Ho trovato il sentiero dell'anima». Dite invece: «Ho incontrato l'anima che avanzava sul mio sentiero».

Poiché l'anima avanza su ogni sentiero.

L'anima non cammina su di una linea, e nemmeno cresce come una canna.

L'anima si apre come il fior di loto dagli innumerevoli petali.

Allora disse un maestro: «Parlaci dell'Insegnamento».

E lui disse:

Nessuno può insegnarvi se non quel che già in dormiveglia giace nell'alba della vostra conoscenza.

Il maestro che tra i suoi discepoli incede all'ombra del tempio non distribuisce saggezza propria bensì la sua fede e la sua benevolenza.

Se veramente è saggio non vi invita a entrare nella dimora della sua saggezza, ma vi conduce piuttosto alla soglia della vostra stessa mente.

L'astronomo potrà parlarvi di ciò che degli spazi ha compreso, ma non potrà consegnarvi la sua comprensione.

Il musico potrà cantare il ritmo con cui lo spazio intero è retto, ma non potrà prestarvi l'orecchio che quel ritmo coglie né la voce che gli fa eco.

E chi è versato nella scienza dei numeri può spiegarvi i mondi dei pesi e delle misure, ma non condurvi in essi.

Poiché la visione di un uomo non dà le ali a un altro uomo.

E come ognuno di voi sta solo nella conoscenza di Dio, così ognuno solo dev'essere nella propria conoscenza di Dio e nella propria comprensione della terra.

E un giovane gli chiese: «Parlaci dell'Amicizia».

E lui disse:

L'amico è risposta al vostro bisogno.

È il campo che seminate con amore e che mietete con riconoscenza.

È la vostra mensa e il vostro focolare.

Poiché a lui venite nella fame, e lui cercate per trarne pace.

Quando l'amico confida a voi il suo pensiero non trattenete l'assenso della vostra mente né risparmiategli il dissenso.

E quand'è silente il vostro cuore non cessi di ascoltare il suo;

Poiché è senza parole che nell'amicizia ogni pensiero, ogni desiderio, ogni speranza nascono e sono condivisi in silenziosa gioia.

Quando vi separate dall'amico, non ci sia dolore;

Poiché ciò che in lui più amate v'apparirà più chiaro nell'assenza, così come per lo scalatore la montagna più netta appare dalla pianura.

Non ci siano altri intenti nell'amicizia se non l'approfondimento dello spirito. Poiché l'amore che non cerca unicamente di spiegare se stesso non è amore ma una rete lanciata innanzi: in essa s'imprigiona solo ciò che non ha valore.

E che il meglio di voi sia per l'amico.

Se sapere deve il riflusso della vostra marea, che ne conosca anche il flusso.

Giacché cos'è l'amico vostro che dobbiate cercarlo solo per uccidere le ore?

Cercatelo con ore che han da essere vissute.

Poiché sta a lui colmare il vostro bisogno, non il vostro vuoto.

E nella dolcezza dell'amicizia ci siano risa, e la condivisione dei piaceri.

È nella rugiada delle piccole cose che il cuore trova il suo mattino e si rinnova.

Uno studioso disse poi: «Parlaci del Conversare».

E lui rispose:

Voi parlate quando cessate d'essere in pace con i vostri pensieri;

E quando non riuscite più a soffermarvi nella solitudine del cuore vivete sulle vostre labbra, e il suono diventa svago e un passatempo.

In molte delle vostre conversazioni il pensiero è per metà ucciso.

Poiché il pensiero è un uccello degli spazi, che nella gabbia delle parole può sì spiegare l'ali ma non volare.

Taluni tra voi cercano i loquaci perché temono la solitudine.

Nel silenzio della solitudine si osservano nudi e vogliono allora fuggire via.

Ci sono poi coloro che parlano e senza volontà o intendimento svelano verità che loro stessi non comprendono.

E ci sono quelli che hanno in sé la verità, ma non la dicono con le parole.

È in seno a costoro che lo spirito alberga nel ritmico suo silenzio.

Quando lungo la via o nel mercato incontrate l'amico, lasciate che sia lo spirito a muovervi le labbra e a guidare la vostra lingua.

Lasciate che la voce nella vostra voce parli all'orecchio del suo orecchio;

La sua anima tratterrà la verità del vostro cuore così come si rammenta il sapore del vino

Quand'anche il colore è dimenticato e il bicchiere più non è.

E un astronomo domandò: «Maestro, e il Tempo?».

E lui rispose:

Vorreste misurare il tempo che non ha misura né può essere misurato.

Vorreste disegnare la vostra condotta e finanche dirigere il vostro spirito secondo ore e stagioni.

Vorreste ridurre il tempo a un ruscello sulla cui riva sedere per osservarlo nel suo fluire.

Ma ciò che in voi è senza tempo sa l'eternità della vita,

E anche sa quanto l'oggi non sia che il ricordo di ieri e che domani sarà il sogno di oggi.

Ciò che in voi canta e contempla abita tuttora entro il primo istante che ha visto sparpagliato di stelle il firmamento.

Chi tra voi non sente che la sua forza d'amare limiti non ha?

Eppure, chi non sente chiuso in sé quello stesso amore, che pur privo di confini non si muove da un pensiero d'amore all'altro, né da gesta a gesta d'amore?

Non è dunque il tempo come l'amore, inscindibile e immobile?

Ma se nel vostro pensiero dovete poi misurare il

tempo con le stagioni, allora contenga ogni stagione le altre tutte,

E che il presente stringa a sé il passato nel ricordo e il futuro nella speranza.

E tra gli anziani della città uno si fece avanti dicendo: «Parlaci del Bene e del Male».

E lui rispose:

Del bene in voi posso parlare, ma non del male.

Giacché cos'è il male se non il bene torturato dalla sua stessa fame e dalla sua stessa sete?

In verità il bene affamato ricerca il cibo finanche nelle caverne oscure, e quando ha sete beve anche l'acqua morta.

Voi siete buoni quando formate un tutt'uno con voi medesimi.

Ma quando non ci riuscite non siete cattivi.

La casa divisa non è un antro di ladri; è soltanto una casa divisa.

E la nave senza timone può vagare alla deriva tra perigliosi scogli ma senz'affondare.

Siete buoni quando vi sforzate di donare voi stessi.

Ma non siete cattivi quando cercato l'utile vostro.

Poiché quando il tornaconto ricercate voi siete come la radice che aggrappata alla terra ne sugge il seno.

Il frutto non può dire alla radice: «Sii come me, matura e turgida e generosa sempre della tua abbondanza».

Giacché per il frutto dare è necessario, com'è per la radice necessario avere.

Siete buoni quando nelle vostre parole siete pienamente desti,

Ma non siete cattivi quando dormite mentre la lingua se ne va a zonzo senza alcuno scopo.

Anche inciampando possono le parole rafforzare una lingua debole.

Voi siete buoni quando vi dirigete alla meta con fermezza e ardito passo.

Ma non siete cattivi quando l'avvicinate zoppicando.

Anche gli zoppi non indietreggiano.

Ma voi che siete agili e robusti, badate a non zoppicare innanzi agli storpi, pensandola cortesia.

Voi siete buoni in modi innumerevoli, ma non siete cattivi quando non siete buoni,

Perdete solo tempo e siete pigri.

Peccato non possa il cervo insegnare alla tartaruga com'essere veloce.

La vostra bontà sta tutta nella nostalgia che avete per il gigante che è in voi: ed è una nostalgia che tutti avete.

Ma in taluni è un torrente che impetuoso corre al mare trascinandosi dietro i segreti delle montagne e i canti dei boschi.

In altri invece è una corrente calma che s'attarda nelle insenature ed esita prima di giungere ai lidi.

Non dica però chi ha molta nostalgia a chi ne ha poca: «Perché sei lento ed esiti?».

Giacché chi buono è veramente non domanda a chi nudo sta: «Dove hai gli indumenti?», né a chi è senza tetto: «Cos'è stato della tua casa?».

Allora una sacerdotessa disse: «Parlaci della Preghiera».

E lui rispose, dicendo:

Voi pregate nell'affanno e nel bisogno; ma pregare dovreste anche nella pienezza della gioia e nei vostri giorni dell'abbondanza.

Cos'è infatti la preghiera se non un proiettare voi stessi nell'etere che vive?

E se v'è di conforto riversare la vostra oscurità nello spazio, maggiore gioia avreste nel riversarvi la luce del vostro cuore.

E se solo piangere sapete quando l'anima vi chiama alla preghiera, spronarvi dovrebbe volta dopo volta dal pianto al riso.

Quando pregate v'elevate incontro a coloro che in quello stesso istante pure pregano, e che mai incontrereste se non nell'orazione.

Sia quindi la vostra visita all'invisibile tempio null'altro che estasi e dolce comunione.

Poiché se entrerete nel tempio solo per domandare non riceverete:

E se vi entrerete per umiliarvi non sarete innalzati.

Se vi entrerete per implorare l'altrui sollievo, non sarete ascoltati.

Nel tempio invisibile sufficiente è entrare.

Non posso insegnarvi a pregare con le parole.

Dio non ascolta le vostre parole se non quand' Egli stesso le pronuncia sulle vostre labbra.

Né posso insegnarvi la preghiera dei mari e dei boschi e delle montagne.

Ma voi che siete nati dai monti e dai boschi e dal mare trovar potrete nel vostro cuore le preghiere loro,

E se solo ascoltaste nella quiete della notte muti li sentireste dire:

«Dio nostro, nostro io alato, è la tua volontà in noi che vuole.

Ed è il tuo desiderio in noi che desidera.

È il tuo sprone in noi che può trasformare le nostre notti, che sono tue, in giorni anch'essi tuoi.

Nulla possiamo chiederti giacché sai la nostra necessità prima ancora che in noi nasca.

Tu sei la nostra necessità; e nel darci più di te stesso tutto ci dai».

Poi un eremita, che veniva nella città una volta all'anno, si fece avanti e disse: «Parlaci del Piacere».

E lui rispose:

Il piacere è un cantico di libertà,
Non però la libertà.
È il fiorire dei vostri desideri,
Non però il loro frutto.
È la profondità che chiama le altitudini,
Però non il profondo né l'altolocato.
È l'ingabbiato che spicca il volo,
Però non uno spazio circoscritto.
Sì, in verità il piacere è un cantico di libertà.

Come vorrei sentirvelo intonare a pieno cuore; non però perdendo il cuore nella canzone.

Alcuni dei vostri giovani ricercano il piacere come fosse tutto, e li giudicate e biasimate.

Non li giudicherei, io, né biasimerei. Li lascerei cercare.

Giacché troveranno il piacere ma non soltanto;

Sette son le sue sorelle, e l'ultima più bella è del piacere.

Non avete forse inteso di quell'uomo che scavando nella terra in cerca di radici ha trovato un tesoro?

E alcuni dei vostri anziani ricordano con rammarico i piaceri, come errori commessi nell'ebbrezza.

Ma il rammarico annebbia la mente, non la castiga.

Dovrebbero ricordare i piaceri con gratitudine, come fossero il raccolto di un'estate.

Ma se trovano conforto nel rammarico, che siano confortati.

E c'è tra voi chi non è né così giovane da cercare né tanto vecchio da ricordare;

E temendo di cercare o di ricordare evita ogni piacere, non volendo trascurare lo spirito né recargli offesa.

E in questo sta il piacere suo.

Così anch'egli trova un tesoro sebbene cerchi radici con mani tremebonde.

Ditemi però, chi mai può offendere lo spirito?

Può l'allodola offendere la quiete della notte, o la lucciola le stelle?

Potranno la vostra fiamma e il vostro fumo rallentare il vento?

Pensate forse che lo spirito sia un'acqua immobile che potete agitare con un bastone?

Sovente negandovi il piacere lo costringete nei recessi in voi.

E chissà, ciò che oggi sembra evitato, solo attende un nuovo giorno.

Il vostro corpo conosce il suo retaggio e il giusto suo bisogno, né vuol essere ingannato.

Il vostro corpo è l'arpa dell'anima,

Sta a voi trarne musica dolce o stridori confusi.

Ecco, ora in cuore vi chiedete: «Come riconosceremo ciò che nel piacere è buono da ciò che non lo è?».

Andate nei campi e nei vostri giardini, e apprenderete come sia piacere dell'ape raccogliere dei fiori il miele,

Ma come sia anche piacere dei fiori cederlo all'ape.
Perché per l'ape il fiore è sorgente di vita,
E per il fiore l'ape una messaggera d'amore,
E per entrambi, ape e fiore, donare e ricevere piacere è un'esigenza e un'estasi.
Gente d'Orfalese, siate nei vostri piaceri come fiori e api.

E un poeta disse: «Parlaci della Bellezza».

E lui rispose:

Dove troverete la bellezza e come, se lei stessa non vi sarà guida e indirizzo?

E come potrete parlarne se non sarà lei stessa a tessere il vostro discorso?

Gli afflitti e gli offesi dicono: «La bellezza è dolce e gentile.

Tra noi cammina come una giovane madre intimidita dalla sua stessa gloria».

E dicono gli appassionati: «No, la bellezza è possente e riempie di timore.

Come una tempesta scuote sotto di noi la terra e poi anche il cielo».

Gli affaticati e stanchi dicono: «La bellezza è tutta un lieve mormorio ed è nello spirito che ci parla.

La sua voce si dona al nostro silenzio come una luce che trema temendo l'ombra».

Ma dicono gli irrequieti: «L'abbiamo udita gridare tra le montagne,

E s'accompagnavano all'urlo suo uno scalpitare di zoccoli e battiti di ali e ruggiti di leoni».

Nottetempo avvertono i guardiani della città: «La bellezza s'innalzerà a oriente con l'aurora».

E nel pieno meriggio dicono operai e viandanti: «L'abbiamo veduta sporgersi sulla terra dai davanzali del tramonto».

D'inverno raccontano gli uomini isolati tra le nevi: «Arriverà correndo con la primavera tra le colline».

E nell'afa dell'estate dicono i mietitori: «L'abbiamo vista danzare con le foglie dell'autunno, e aveva un soffio di neve tra i capelli».

Queste cose tutte avete detto della bellezza.

Ma in verità non di lei avete detto ma di desideri insoddisfatti,

E la bellezza non è bisogno bensì un'estasi.

Non è una bocca assetata né una vuota mano protesa,

Bensì un cuore ardente e un'anima incantata.

Non è l'immagine che vorreste vedere e nemmeno la melodia che ambireste udire,

Bensì un'immagine che vedete pur serrando gli occhi e una melodia che ascoltate pur chiudendovi le orecchie.

Non è linfa sotto le rughe della corteccia né l'ala dell'artiglio,

È piuttosto un giardino per sempre in fiore, uno stormo d'angeli perennemente in volo.

Gente di Orfalese, la bellezza è vita quando la vita svela il suo santo volto.

Ma voi siete la vita e voi siete il velo.

La bellezza è l'eternità che si mira in uno specchio.

Ma voi siete l'eternità e voi lo specchio.

Un vecchio sacerdote disse: «Parlaci della Religione».

E lui rispose:

Ho parlato d'altro in questo giorno?

Non è la religione ogni atto e ogni riflessione,

E se no una meraviglia e uno stupore che senza pausa si sprigionano dall'anima anche mentre la mano lavora il sasso o tende il telaio?

Chi può dividere la sua fede dalle sue azioni, il suo credo dalle sue occupazioni?

Chi può spiegare innanzi a sé le ore e dire: «Queste per Dio e queste per me; questa per la mia anima, e quest'altra per il mio corpo?».

Le vostre ore tutte sono ali che vanno nello spazio da io a io.

Chi tra voi si porta addosso la propria moralità come un vestito buono meglio farebbe ad andare ignudo.

Vento e sole non gli strapperanno la pelle.

E chi tra voi si regola con etiche imprigiona in una gabbia ciò che in lui cantar vorrebbe.

Il canto più libero non nasce da sbarre o reticolati.

Chi tra voi considera il culto una vetrata da aprire

ma anche chiudere non ha visitato ancora la casa dell'anima, le cui vetrate sono spalancate da un'aurora all'altra.

La vita di ciascun giorno è il vostro tempio e la vostra religione.

Entrateci ogni volta con tutto ciò che avete.

Portateci l'aratro e la fucina e il martello e il liuto,

Le cose che vi forgiate per bisogno o per diletto.

Poiché neanche fantasticando riuscirete a elevarvi sopra i vostri ottenimenti né a cadere più in basso dei vostri fallimenti.

E portatevi appresso gli uomini tutti:

Poiché adorando non volerete più alti delle loro speranze né potrete in umiltà chinarvi più in basso della loro disperazione.

Se volete conoscere Dio non siate quindi dei solutori d'indovinelli.

Guardatevi piuttosto intorno e Lo vedrete intento a giocare coi vostri figli.

E osservate lo spazio; Lo vedrete camminare tra le nubi con braccia protese nei fulmini e nella pioggia battente.

Vedrete Dio che sorride nei fiori, per poi levarsi e nelle fronde degli alberi agitare le mani.

Parlò Almitra, e disse: «Vorremmo chiederti ora della Morte».

E lui rispose:

Vorreste conoscere il segreto della morte.

Ma come potrete scoprirlo se non cercando nel cuore della vita?

Il gufo i cui occhi notturni sono ciechi nel giorno non può svelare il mistero della luce.

Se veramente volete mirare lo spirito della morte, spalancatevi il cuore al corpo della vita.

Poiché vita e morte sono un tutt'uno, come lo sono il fiume e il mare.

Nella profondità delle vostre speranze e dei desideri sta la silenziosa conoscenza che avete dell'aldilà;

E come semi addormentati sotto la neve i vostri cuori sognano la primavera.

Fidatevi dei sogni, poiché in essi si nascondono i portali dell'eternità.

La paura che avete della morte non è che il tremito del villano quando innanzi al re sta per ricevere onore dalla sua mano.

Pur tremando non è forse lieto perché porterà il segno regale?

E tuttavia non bada ancor più al suo tremore?

Cos'è infatti morire se non restarsene nudi nel vento e sciogliersi nel sole?

Cos'è smettere il respiro se non liberarlo dai suoi irrequieti flussi così che possa alzarsi e spandersi e cercare Dio senza peso alcuno?

Soltanto quando berrete al fiume del silenzio canterete veramente.

E quando avrete raggiunto la vetta della montagna, allora comincerete a salire.

E quando la terra reclamerà le vostre membra, allora invero danzerete.

E fu la sera.

E Almitra la veggente disse: «Benedetto sia questo giorno e questo luogo e il tuo spirito che ha parlato».

Lui rispose: Io ho parlato? Non ero io pure qui ad ascoltare?

Poi discese i gradini del Tempio e tutto il popolo lo seguì. Così, raggiunse la sua nave e si mise ritto sul ponte.

Guardò di nuovo il popolo e con voce forte disse:

Gente di Orfalese, il vento mi sollecita a lasciarvi.

Meno premura ho io del vento, ma andare debbo.

Noi erranti, sempre in cerca della via più solitaria, mai iniziamo un giorno dove l'altro abbiamo chiuso; né ci trova aurora dove il tramonto ci ha lasciato.

Anche mentre la terra dorme noi andiamo errando.

Noi siamo i semi della pianta tenace, ed è nella maturità e nella pienezza del nostro cuore che veniamo consegnati al vento e dispersi.

Brevi sono stati i miei giorni tra voi, e più brevi ancora le parole che vi ho detto.

Ma dovesse la voce mia affievolirsi nelle vostre orecchie, e il mio amore svanire nella vostra memoria, allora di nuovo io verrò,

E con più ricco cuore e labbra più obbedienti allo spirito vi parlerò.

Sì, tornerò con la marea,

E sebbene la morte possa nascondermi, e il più vasto silenzio avvolgermi, nuovamente cercherò la vostra comprensione.

E non invano cercherò.

Se è verità ciò che ho detto, essa si svelerà a voi con una più limpida voce, e con parole più affini ai vostri pensieri.

Vado con il vento, gente di Orfalese, ma non nel nulla;

E se questo giorno non è la risposta alle vostre necessità e al mio amore, sia allora una promessa nell'attesa di un altro giorno.

Le necessità dell'uomo mutano, non però l'amore suo, e nemmeno il desiderio in lui che l'amore sazi le sue necessità.

Sappiate quindi che da un più vasto silenzio farò ritorno.

La bruma che si disperde al sorgere del sole lasciando nei campi la rugiada, s'innalzerà raccogliendosi in nuvola e poi ricadrà come pioggia.

E non diversamente dalla bruma sono stato io.

Nella quiete della notte ho camminato nelle vostre strade, e il mio spirito è entrato nelle vostre case,

E i battiti dei vostri cuori sono stati nel mio cuore, e il mio respiro sui vostri volti, e vi ho conosciuto tutti.

Sì, ho saputo la vostra gioia e il vostro dolore, e nel sonno i vostri sogni sono stati sogni miei.

Sovente sono stato tra voi come un lago tra le cime.

Ho riflesso le vette in voi e i declivi, e finanche le fuggevoli greggi dei vostri pensieri e dei desideri.

E al mio silenzio sono giunte come ruscelli le risa dei vostri bimbi, e a fiumi i desideri dei vostri giovani.

E raggiunte le mie profondità ruscelli e fiumi hanno cessato non per questo di cantare.

Ma qualcosa ancor più dolce delle risa e più grande del desiderio è giunto a me.

Ed è ciò che in voi non ha confini;

L'uomo immenso di cui voi tutti non siete che cellule e nervi;

Lui nel cui cantico ogni vostro canto non è che un pulsare senza suono.

È nell'uomo immenso che voi siete immensi,

Ed è nel mirarlo che vi ho veduti e amati.

Poiché quali lontananze può colmare l'amore che non siano racchiuse in tale vasta sfera?

Quali visioni, quali attese e presupposizioni potranno mai sovrastare il volo suo?

Come una grande quercia carica di fiori di melo è l'uomo immenso in voi.

La sua possanza vi lega alla terra, il suo profumo vi libra nello spazio, ed è nella sua perseveranza che siete immortali.

Vi è stato detto che, a mo' di catena, siete deboli come il più debole anello.

Ma è solo una parte del vero. Siete anche forti come il più forte anello.

Valutarvi per la vostra minima azione è come misurare la potenza dell'oceano sulla fragilità della sua spuma.

Giudicarvi dai fallimenti è biasimare le stagioni per la loro incostanza.

Sì, come un oceano voi siete,

E benché stracarichi i bastimenti attendano a riva l'alta marea, così, come l'oceano, voi alla marea fretta non potete fare.

E siete anche come le stagioni,

E sebbene nel vostro inverno rinneghiate la vostra primavera,

Pure la primavera, che in voi risposa, sorride nella sua sonnolenza e non s'offende.

Non pensate mai che io pronunci queste parole così che possiate l'un l'altro dirvi: «Molto ci ha lodato. Ha visto solo il bene in noi».

Io affermo con parole soltanto quel che già conoscete nel pensiero.

È cos'è la sapienza delle parole se non un'ombra della sapienza che non ha parole?

I vostri pensieri e le mie parole sono onde emanate da una sigillata memoria dove annotati stanno i nostri ieri,

E i giorni antichi quando la terra non conosceva né noi né se medesima,

E le notti quando non era che un rimestio convulso.

Uomini savi sono venuti a voi donandovi la loro saggezza. Io sono venuto a ricevere la vostra saggezza:

Ed ecco, ho trovato quel che è più grande della saggezza stessa.

È uno spirito di fuoco in voi che alimenta se medesimo,

Mentre ignari del suo crescere piangete l'appassirsi dei vostri giorni.

È vita che cerca vita in corpi che temono la tomba.

Non ci sono tombe qui.

Queste montagne e pianure sono culla e pietra su cui posare il passo.

Ogni volta che vi soffermate davanti al campo in cui avete deposto i vostri antenati osservatelo attentamente, e vedrete voi stessi e i vostri figli danzare mano nella mano.

In verità voi sovente fate festa senza saperlo.

Altri a voi sono venuti ai quali per dorate promesse fatte alla vostra fede avete donato soltanto ricchezze, e potere e gloria.

Meno di una promessa io vi ho dato, eppure più generosi ancora con me siete stati.

Mi avete offerto la mia più profonda sete per la vita.

Non esiste sicuramente dono più grande di quello che ogni mira dell'uomo muta in labbra ardenti, e la vita tutta in una fonte.

E in questo sta il vostro onore e la mia ricompensa,

Che sempre quando m'accosto alla fonte trovo l'acqua della vita assetata anch'essa;

E mi beve mentre anch'io la bevo.

C'è tra di voi chi mi ha stimato orgoglioso e troppo fiero per accettare doni.

Troppo fiero invero sono per ricevere salari, ma non per i doni.

E sebbene io abbia mangiato le bacche sui monti quando m'avreste voluto alla vostra mensa,

E abbia dormito nel portico del tempio quando volentieri mi avreste ospitato,

Non è stata fòrse la premura amorosa che avete espresso per le mie giornate e per le mie notti che hanno reso più dolce il cibo alla mia bocca e cinto di sogni il mio riposo?

Per questo sopra tutto io vi benedico:

Voi date molto e neanche sapete di dare.

In verità la gentilezza che mira se stessa in uno specchio diventa pietra,

E la buona azione che si lusinga si fa parente della maledizione.

Tra voi alcuni m'hanno giudicato distante, ed ebbro della stessa mia solitudine,

Avete detto di me: «Ecco, tiene consiglio con gli alberi del bosco, non però con gli uomini.

Siede solo in vetta ai monti e dall'alto scruta la nostra città».

Vero è che son salito sulle colline e che ho camminato nei remoti luoghi.

Come avrei potuto vedervi se non da molto in alto e da lontano?

E com'essere vicini se non si è distanti?

E tra voi altri si sono rivolti a me, non con le parole, e hanno detto:

«Straniero, straniero, amante delle irraggiungibili altezze, perché stai tra le vette dove l'aquila fa il nido?

Perché ricerchi l'irraggiungibile?

Quali bufere vuoi impigliare nella tua rete,

E a quali vaporosi uccelli dai la caccia in cielo?

Vieni e sii uno di noi.

Scendi e sazia la tua fame col nostro pane e la tua sete col nostro vino».

Nella solitudine dell'anima mi hanno detto queste cose;

Ma fosse stata più profonda la loro solitudine avrebbero saputo che ricercavo soltanto il segreto della vostra gioia e del vostro dolore,

E la caccia ho dato solo al vostro più vasto io che percorre il cielo.

Ma il cacciatore è stato anche l'inseguita preda.

Poiché molte delle mie frecce hanno lasciato l'arco solo per conficcarsi nel mio petto.

E volavo ma strisciavo anche;

Poiché quanto si spiegavano le mie ali nel sole l'ombra loro sulla terra era una tartaruga.

E io il credente ero anche il dubitatore;

Poiché sovente ho posto il dito nella mia stessa piaga per poter ancor più credere in voi e ancor più conoscervi.

Ed è con questo credo e questa conoscenza che vi dico,

Voi non siete chiusi nei vostri corpi, né confinati nelle vostre case e nei vostri campi,

Quel che voi siete abita sopra le montagne ed erra con il vento,

Non striscia al sole in cerca di calore né si scava nell'oscurità la tana,

È libero, uno spirito che ammanta la terra e si muove nell'etere.

Se queste vi paiono parole vaghe, non cercate di chiarirle.

Vago e nebuloso è il principio di ogni cosa, ma non la fine,

E vorrei essere un principio nella vostra memoria.

La vita, e tutto ciò che vive, è concepita nella bruma e non nel cristallo.

E forse non è il cristallo bruma marcescente?

Questo vorrei ricordaste nel ricordarmi:

Quel che più debole sembra e più sconcertato in voi è il più forte e il più determinato.

Non è forse il vostro fiato che ha eretto e rinsaldato le vostre ossa?

E non è un sogno che nessuno di voi ricorda d'aver sognato, che ha costruito la vostra città e tutto ciò che in essa sta?

Se veder poteste i flussi di quell'alito cessereste di vedere ogni altra cosa,

E se udir poteste il sussurrio del sogno non udreste nessun altro sogno.

Ma voi non vedete, né sentite, ed è un bene.

Il velo che v'annebbia gli occhi vi sarà tolto dalle mani che l'hanno tessuto,

E la creta che vi serra le orecchie sarà perforata dalle stesse dita che l'hanno plasmata.

E così voi vedrete

E udirete,

Ma non lamenterete l'essere stati ciechi, né rimpiangerete l'essere stati sordi,

Poiché quel giorno voi saprete lo scopo occulto di ogni cosa,

E benedirete il buio come ora la luce.

Dopo avere detto queste cose si guardò intorno, e vide il nocchiere della sua nave che ritto accanto al timone osservava ora le vele gravide di vento ora l'orizzonte.

E disse:

Paziente, troppo paziente è il capitano della mia nave.

Il vento soffia, e irrequiete sono le vele;

Finanche il timone implora la mano che lo diriga;

Eppure quietamente il mio capitano attende il mio silenzio.

E questi miei marinai, che hanno udito i cori del più ampio mare, anch'essi m'hanno ascoltato pazientemente.

Ora più non aspetteranno.

Sono pronto.

Il rivo è giunto al mare, e una volta ancora la grande madre si stringe al seno il figlio.

Addio, popolo di Orfalese.

Questo giorno è terminato.

Si richiude su di noi come il giglio dell'acqua sul suo domani. Ciò che oggi ci è stato donato lo serberemo,

E se non basterà, allora ci ritroveremo e insieme protenderemo le mani al donatore.

Non dimenticate che tornerò a voi.

Un solo istante, e il mio desiderio raccoglierà polvere e spuma da un altro corpo.

Un solo istante, un attimo di riposo in seno al vento, e un'altra donna mi partorirà.

Addio a voi e alla giovinezza spesa insieme a voi.

Solo ieri ci incontrammo dentro un sogno.

Alla mia solitudine avete offerto canzoni, e coi vostri desideri ho eretto una torre in cielo.

Ora però il sonno s'è dileguato e il nostro sogno è terminato, trascorsa è l'alba.

Il meriggio ci sovrasta e il nostro dormiveglia si è tramutato in giorno pieno, occorre che ci separiamo.

Se nella fioca memoria dovessimo ancora incontrarci, potremo conversare e mi porgerete una più profonda canzone.

E se le nostre mani s'incontreranno in un altro sogno insieme erigeremo un'altra torre in cielo.

Così dicendo diede il segnale ai marinai, che subito levarono l'ancora e dagli ormeggi liberarono la nave che puntò a oriente.

E un grido si levò dalla folla come da un cuore solo, un grido che s'innalzò nel crepuscolo e poi lontano sul mare come un grande squillo di tromba.

Soltanto Almitra restò silenziosa, guardando la nave sinché non scomparve nella foschia.

E quando il popolo si fu disperso, indugiò sola sopra il molo, ricordando nel suo cuore le parole che lui aveva detto:

«Un solo istante, un attimo di riposo in seno al vento, e un'altra donna mi partorirà».

SABBIA E SCHIUMA

Sempre camminerò su queste spiaggie, tra sabbia e schiuma. L'alta marea cancellerà le mie impronte, e il vento dissolverà la schiuma. Ma mare e spiaggia rimarranno sempre.

Una volta colmai la mia mano di nebbia.

Poi la riaprii, ed ecco che la nebbia era un verme.

E la chiusi e la riaprii di nuovo e vi scorsi un uccello.

E ancora la chiusi e la riaprii, e nella palma stava un uomo, dal viso triste rivolto verso l'alto.

E chiusi la mano ancora e quando la riaprii non vi era che nebbia.

Ma sentivo un canto di indicibile bellezza.

Solo ieri mi pensavo un frammento tremante senza ritmo nella sfera della vita.

Oggi so che io sono la sfera, e che tutta la vita si muove dentro di me in ritmici frammenti.

Mi dicono, al loro risveglio: «Tu e il mondo in cui vivi non siete che un granello di sabbia sulla spiaggia infinita di un mare infinito».

In sogno rispondo: «Io sono il mare infinito, e ogni

mondo non è che un granello di sabbia sulla mia spiaggia».

Solo una volta rimasi muto. Fu quando un uomo mi chiese: «Chi sei?»

Il primo pensiero di Dio fu un angelo.
La prima parola di Dio fu un uomo.

Eravamo ondeggianti, vaganti, anelanti creature millenni prima che il mare e il vento della foresta ci dessero la parola.
Ora, come esprimere l'antico dei tempi in noi con i soli suoni del nostro passato?

La Sfinge parlò una sola volta e la Sfinge disse: «Un granello di sabbia è un deserto, deserto è un granello di sabbia; e ora torniamo tutti al silenzio».
Ho udito la Sfinge, ma non ho compreso.

Una volta scorsi il viso di una donna, e vidi tutti i suoi figli non ancora nati.
E una donna mi guardò in volto e vide tutti i miei antenati, morti prima che lei fosse nata.

Ora vorrei realizzare me stesso. Ma come, se non diventando un pianeta popolato da vite intelligenti?
Non è questa la meta di ogni uomo?

Una perla è un tempio costruito dal dolore intorno a un granello di sabbia.
Quale anelito ha costruito i nostri corpi, e intorno a quali granelli?

Quando Dio lanciò me, una pietra, in questo lago meraviglioso, ne turbai la superficie con cerchi innumerevoli.

Ma quando toccai il fondo divenni immoto.

Datemi il silenzio e sfiderò la notte.

Rinacqui quando la mia anima e il mio corpo si amarono e si congiunsereo in matrimonio.

Un tempo conoscevo un uomo dall'udito acutissimo; ma era muto. Aveva perso la lingua in battaglia.

Ora so le battaglie combattute da quell'uomo prima che scendesse il grande silenzio.

Sono lieto che sia morto.

Il mondo non è grande abbastanza per contenerci entrambi.

Per lungo tempo giacqui nella polvere d'Egitto, silente e ignaro delle stagioni.

Poi il sole mi diede vita, mi alzai e camminai sulle rive del Nilo,

cantando con i giorni e sognando con le notti.

Ed ora il sole mi calpesta con mille piedi perché io giaccia ancora nella polvere d'Egitto.

Ma quale meraviglia, quale enigma!

Quel sole che mi ha dato corpo non può disperdermi.

Ancora eretto e con passo sicuro cammino sulle rive del Nilo.

Il ricordo è una forma d'incontro.

L'oblio è una forma di libertà.

Noi misuriamo il tempo secondo il movimento di soli innumerevoli; loro misurano il tempo con piccoli marchingegni nelle piccole tasche.

Ora ditemi, come potremo mai incontrarci nello stesso luogo, alla stessa ora?

Lo spazio non è lo spazio tra la terra e il sole per chi guarda in basso dalla finestra della Via Lattea.

L'umanità è un fiume di luce che scorre dall'esterno all'eterno.

Gli spiriti che dimorano nell'etere non invidiano all'uomo il suo dolore?

In cammino per la Città Santa incontrai un altro pellegrino e gli chiesi:

«È questa la strada per la Città Santa?»

«Seguimi e arriverai alla Città Santa in un giorno e una notte» mi disse.

Lo seguii. E camminammo molti giorni e molte notti, senza mai giungere alla Terra Santa.

Con mia sorpresa si adirò con me per avermi fatto sbagliare strada.

Dio, dammi in preda al leone, prima che Tu faccia del coniglio la mia preda.

Non si può raggiungere l'alba che per il sentiero della notte.

La mia casa mi dice: «Non lasciarmi, perché è qui che dimora il tuo passato».

E mi dice la strada: «Vieni e seguimi, perché sono io il tuo futuro».

E io dico alla casa e alla strada: «Non ho passato né futuro. Se resto c'è un andare nel mio rimanere; se vado, c'è un restare nel mio andarmene. Solo amore e morte cambiano tutto».

Come posso perdere la fede nella giustizia della vita quando i sogni di chi dorme tra le piume non sono più belli dei sogni di chi dorme per terra?

Strano: il desiderio di certi piaceri è parte del mio dolore.

Sette volte ho disprezzato la mia anima:
la prima volta quando la vidi farsi mansueta per raggiungere i vertici.
La seconda volta quando la vidi zoppicare davanti allo storpio.
La terza volta quando le fu concesso di scegliere tra facile e difficile, e scelse il facile.
La quarta volta quando commise un torto e si consolò dicendosi che anche gli altri sbagliano.
La quinta volta quando tollerò per debolezza, e attribuì la sua pazienza alla forza.
La sesta volta quando disprezzò la bruttezza di un volto, e non vi riconobbe una delle sue stesse maschere.
E la settima volta quando levò un cantico di lode credendosi, per questo, virtuosa.

Ignoro la verità assoluta. Ma sono umile di fronte alla mia ignoranza, e in questo stanno il mio onore e la mia ricompensa.

Tra ciò che un uomo immagina e ciò che un uomo realizza vi è uno spazio che solo il suo desiderio può attraversare.

Il paradiso è lì, dietro alla porta, nell'altra stanza; ma ho perduto la chiave.
Forse, è solo che non ricordo dove l'ho lasciata.

Tu sei cieco e io sono sordo e muto: tocchiamoci allora le mani e ci capiremo.

Il senso dell'uomo non è in ciò che raggiunge, quanto in ciò che aspira a raggiungere.

Alcuni di noi sono come inchiostro, altri come carta.
E se non fosse per il nero di alcuni di noi, altri sarebbero muti.
E se non fosse per il bianco di alcuni di noi, altri sarebbero ciechi.

Datemi un orecchio e vi darò una voce.

La mente è una spugna; il cuore è acqua corrente.
Non è strano che la maggior parte di noi scelga di assorbire invece di correre?

Quando aneli a benedizioni a cui non sai dare un nome, e quando soffri senza capire perché, proprio allora stai crescendo con quanto cresce, e ti stai elevando verso il tuo io più grande.

Quando t'inebria una visione, è il vino stesso a sembrarti il tuo pallido modo di esprimerla.

Tu bevi vino per ubriacarti, io bevo per rendermi sobrio da quell'altro vino.
Se il mio bicchiere è vuoto, mi rassegno perché è

vuoto, ma se è mezzo pieno, mi arrabbio perché è pieno solo a metà.

La realtà di un altro non è in ciò che ti rivela, ma in ciò che non può rivelarti. Perciò se vuoi capirlo non ascoltare ciò che dice, ma ciò che non dice.

Metà di ciò che dico è senza senso; ma lo dico perché l'altra metà possa giungerti.

Il senso dell'umorismo è il senso delle proporzioni.

La mia solitudine è nata quando gli uomini lodarono i miei morbosi difetti e biasimarono le mie silenziose virtù.

Quando la Vita non trova chi canti il suo cuore, crea un filosofo che dia voce alla sua mente.

Una verità va sempre conosciuta, solo qualche volta pronunciata.

Ciò che è vero tace in noi; ciò che è acquisito è loquace.

La voce della vita dentro di me non può giungere all'orecchio della vita che è in te; ma parliamo, e non ci sentiremo soli.

Quando parlano due donne non dicono nulla; quando parla una donna rivela tutto della vita.

Le rane possono fare rumore più dei tori, ma non sanno tirare l'aratro nel campo, né girare la ruota del torchio, e con la loro pelle non si possono fare scarpe.

Solo un muto può invidiare un chiacchierone.

Se l'inverno dicesse: «La primavera è nel mio cuore» chi gli potrebbe credere?

Ogni seme è un desiderio.

Se tu aprissi davvero gli occhi per vedere, vedresti sempre la tua immagine in tutte le immagini.

Se tu aprissi davvero le orecchie per sentire, sentiresti sempre la tua voce in tutte le voci.

Servono due persone per scoprire la verità: l'una per dirla, l'altra per capirla.

Nonostante sempre l'onda delle parole ci sovrasti, i nostri abissi sono sempre muti.

Molte dottrine sono come il vetro di una finestra: attraverso scorgiamo la verità, ma dalla verità ci rende divisi.

Ora giochiamo a nascondino. Se ti nascondi nel mio cuore non ci saranno difficoltà a trovarti. Ma se ti nascondi nel tuo guscio, sarà per tutti vano cercarti.

Una donna può velare il suo volto con un sorriso.

Come è nobile quel cuore che, gonfio di tristezza, canta un canto gioioso con cuori gioiosi.

L'uomo che vorrebbe capire una donna, o analizzare il genio, o risolvere il mistero del silenzio, è come chi desidera destarsi da un sogno stupendo per fare colazione.

Camminerò con chi è già in cammino. Non starò fermo a guardar passare la processione.

Devi più dell'oro a chi ti serve. Offrigli il tuo cuore oppure servilo.

No, non abbiamo vissuto invano. Non hanno forse alzato torri con le nostre ossa?

Cerchiamo di non essere parziali e restrittivi. La mente del poeta e la coda dello scorpione si levano in gloria dalla stessa terra.

Ogni drago genera un San Giorgio che lo uccide.

Gli alberi sono poemi che la terra scrive nel cielo. Noi li abbattiamo per farne carta da riempire della nostra vacuità.

Se desideri scrivere (e solo i santi sanno perché) ti occorrono conoscenza, arte e magia: conoscenza della musica delle parole, arte di essere senz'arte, e magia di amare i tuoi lettori.

Intingono la penna nei nostri cuori e pensano di essere ispirati!

Se un albero scrivesse la sua autobiografia, non sarebbe diversa dalla storia di un popolo.

Se dovessi scegliere tra la possibilità di scrivere un poema e l'estasi di un poema non scritto, sceglierei l'estasi. È poesia più alta.

Ma tu e coloro che mi circondano siete d'accordo nel dire che scelgo sempre male.

La poesia non è un'opinione espressa. È un canto che proviene da una ferita sanguinante o da una bocca sorridente.

Le parole sono senza tempo. Dovresti scriverle o pronunciarle nella consapevolezza della loro eternità.

Il poeta è un re senza più trono che siede tra le ceneri del suo palazzo e cerca di comporre dalle ceneri un'immagine.

La poesia ha tanto della gioia, del dolore e della meraviglia, con appena un'ombra del lessico.

Invano il poeta cercherà la fonte dei canti del suo cuore.

Dissi una volta a un poeta: «Non ci è dato di conoscere il tuo valore fin quando morirai».

E lui rispose dicendo: «È così, la morte è sempre rivelatrice. E se vuoi conoscere veramente il mio valore, sappi che è più nel mio cuore che sulle mie labbra, più nel mio desiderio che nelle mie mani».

Se canti la bellezza, anche se sei solo nel cuore del deserto, avrai ascolto.

La poesia è saggezza che incanta il cuore.

La saggezza è poesia che canta nella mente.

Se potessimo incantare il cuore dell'uomo e intanto cantare alla sua mente,

allora vivrebbe veramente all'ombra di Dio.

L'ispirazione canterà sempre; l'ispirazione non spiegherà mai.

Spesso cantiamo la ninnananna ai bambini per essere noi a prendere sonno.

Tutte le nostre parole non sono che briciole cadute dal banchetto dello spirito.

Il pensiero è sempre la pietra in cui inciampa la poesia.

Grande cantore è colui che canta i nostri silenzi.

Come puoi cantare a bocca piena?
Come potranno le tue mani levarsi in benedizione se colme d'oro?

Dicono che l'usignolo si trafigge il petto con una spina quando canta la sua canzone d'amore.
Così noi. Come potremmo altrimenti cantare?

Il genio non è che un canto di pettirosso al nascere di una tarda primavera.

Nemmeno lo spirito più elevato può sfuggire alla necessità fisica.

Il folle non è meno musicista di me e di te soltanto, lo strumento che suona è un po' scordato.

Il canto che giace silente nel cuore di una madre si leva armonioso dalle labbra del figlio.
Nessun vero desiderio resta inappagato.

Non sono mai stato completamente d'accordo con l'altra parte di me. La verità sembra stare nel mezzo.

L'altra tua parte è sempre in pena per te. Ma l'altra tua parte cresce nel dolore; va dunque tutto bene.

Non vi è lotta tra anima e corpo se non nella mente di coloro che hanno un'anima sopita e un corpo fuori forma.

Quando giungerai al cuore della vita troverai la bellezza in ogni cosa, persino negli occhi ciechi alla bellezza.

Viviamo solo per scoprire la bellezza. Tutto il resto non è che una forma di attesa.

Pianta un seme e la terra ti darà un fiore. Dona il tuo sogno al cielo e ti darà l'essere amato.

Il diavolo morì il giorno stesso in cui tu nascesti.

Non occorre quindi che tu attraversi l'inferno per incontrare un angelo.

Molte donne prendono in prestito il cuore di un uomo; solo poche riescono a possederlo.

Se vuoi possedere non devi pretendere.

Quando la mano di un uomo tocca la mano di una donna, entrambe sfiorano il cuore dell'eternità.

L'amore è il velo tra l'amante e l'amante.

Ogni uomo ama due donne: una è creazione della sua immaginazione; l'altra deve ancora nascere.

Gli uomini che non perdonano alle donne i loro piccoli difetti, non godranno mai delle loro grandi virtù.

L'amore che non si rinnova ogni giorno diviene abitudine e poi schiavitù.

Gli amanti si abbracciano l'un l'altro, ma è ciò che sta tra loro che soprattutto abbracciano.

Amore e dubbio non si sono mai rivolti la parola.

Amore è una parola di luce, scritta da una mano di luce, su una pagina di luce.

L'amicizia è sempre dolce responsabilità, mai un'opportunità.

Se non comprendi il tuo amico in ogni situazione, non lo comprenderai mai.

Il tuo abito più splendido è tessuto dalla mano di un altro;

il tuo pasto più appetitoso è quello che mangi al tavolo di un altro;

il tuo letto più comodo è in casa di un altro.

Ora dimmi, come puoi separarti dal prossimo?

La tua mente e il mio cuore non si accorderanno fino a quando la tua mente non smetterà di vivere nei numeri e il mio cuore nella nebbia.

Non ci potremo comprendere finché non ridurremo la lingua a sette parole.

Come potrà il mio cuore aprirsi senza spezzarsi?

Solo un grande dolore o una grande felicità possono svelare la tua verità.

Se vuoi rivelarti devi danzare nudo al sole o portare la tua croce.

Se la natura desse ascolto ai nostri consigli nessun fiume raggiungerebbe il mare, e nessun inverno si tramuterebbe in primavera. Se dovesse ascoltare le nostre chiacchiere sulla parsimonia, quanti di noi respirerebbero quest'aria?

Non vedi altro che la tua ombra quando volgi le spalle al sole.

Sei libero davanti al sole del giorno, e libero davanti alle stelle della notte;

e sei libero quando non vi è sole, né luna, né stelle.

Sei libero anche quando chiudi gli occhi su tutte le cose.

Ma sei schiavo di colui che ami, perché lo ami.

E schiavo di colui che ti ama perché ti ama.

Siamo tutti mendicanti alle porte del tempio, e ciascuno di noi riceve la sua parte della generosità del Re, quando entra e quando esce dal tempio.

Ma siamo tutti gelosi l'uno dell'altro, e questo è un altro modo di sminuire il Re.

Non puoi nutrirti oltre il tuo appetito. L'altra metà del pane appartiene all'altro, e deve rimanerne un po' anche per l'ospite inatteso.

Se non fosse per gli ospiti, tutte le case sarebbero sepolcri.

Disse un lupo gentile a una semplice pecorella:

«Non vuoi onorare la nostra casa con una visita?»

E la pecorella rispose: «Saremmo onorati di farlo, se la tua casa non fosse nel tuo stomaco».

Fermai il mio ospite sulla soglia e gli dissi: «No, non pulirti le scarpe quando entri, ma quando esci».

La generosità non consiste nel darmi ciò di cui io ho più bisogno di te, ma nel darmi ciò di cui tu hai più bisogno di me.

Sei caritatevole quando doni e, donando, volgi lo sguardo per non vedere la vergogna di chi riceve.

La differenza tra l'uomo più ricco e il più povero non è che un giorno di fame e un'ora di sete.

Spesso chiediamo un prestito al nostro futuro per pagare i debiti con il nostro passato.

Angeli e diavoli vengono a visitare anche me, ma so liberarmene.

Quando viene un angelo recito una vecchia preghiera ed egli si annoia;

Quando si tratta di un diavolo commetto un vecchio peccato e lui passa oltre.

In fondo, non è una cattiva prigione; ma non mi piace questo muro tra la mia cella e quella del vicino.

Eppure, vi assicuro, non intendo rimproverare né il guardiano, né il Costruttore della prigione.

Coloro che danno un serpente quando chiedi un

pesce, hanno forse solo un serpente da offrire. Sono dunque generosi.

Gli inganni qualche volta riescono, ma vanno sempre incontro al suicidio.

Sai davvero perdonare quando perdoni gli assassini che mai spargono sangue, i ladri che non rubano mai, i bugiardi che non pronunciano menzogna.

Chi sa sfiorare ciò che divide il bene dal male è lo stesso che sa toccare l'orlo della veste di Dio.

Se il tuo cuore è un vulcano, come puoi aspettarti che nella tua mano sboccino fiori?

Strana forma di autoindulgenza! Vi sono momenti in cui mi piace essere ingannato e offeso, per poter ridere alle spalle di chi crede che io non mi accorga di essere stato ingannato e offeso.

Che cosa posso dire di chi, persecutore, gioca la parte del perseguitato?

Lascia che colui che pulisce le sue mani sudice nel tuo abito, prenda anche questo. Lui può averne ancora bisogno, tu no.

È un peccato che i cambiavalute non possano essere bravi giardinieri.

Non nascondere i tuoi difetti innati sotto le virtù acquisite. Preferisco i difetti: sono simili ai miei.

Spesso mi sono attribuito colpe mai commesse,

perché l'altro si sentisse a suo agio in mia presenza.

Anche le maschere della vita sono maschere di un mistero più profondo.

Puoi giudicare gli altri solo secondo la conoscenza di te stesso.

Ora dimmi: chi tra noi è colpevole e chi innocente?

Il vero giusto è colui che si sente un po' colpevole per i tuoi misfatti.

Solo l'idiota e il genio infrangono le leggi fatte dall'uomo; e sono i più vicini al cuore di Dio.

È solo quando sei inseguito che hai le ali ai piedi.

Non ho nemici, mio Dio, ma se mai avrò nemici fa che abbiano forza pari alla mia, che solo la verità possa trionfare.

Ci sarà pace con il tuo nemico solo quando morirete entrambi.

Forse un uomo può uccidersi per autodifesa.

Molto tempo fa visse un Uomo che fu crocifisso per essere stato troppo amato e troppo amabile.

È strano a dirsi, ma ieri io lo incontrai tre volte.

La prima volta chiedeva ad un poliziotto di non mettere in prigione una prostituta; la seconda volta beveva vino con uno straccione; e la terza volta faceva a pugni con un mercante in una chiesa.

Se tutto ciò che si dice sul bene e sul male fosse vero, la mia vita non sarebbe che un lungo crimine.

La pietà è solo giustizia a metà.

L'unico ad essere stato ingiusto con me è colui di cui ho trattato ingiustamente il fratello.

Quando vedi un uomo condotto in prigione: «Forse sta scappando da una prigione più angusta» pensa in cuor tuo.

E quando vedi un ubriaco pensa: «Forse ha cercato di fuggire da qualcosa di ancora più orribile».

Spesso ho odiato per autodifesa; ma se fossi stato più forte, non avrei utilizzato quest'arma.

Come è stupido colui che pensa di rimediare all'odio dei suoi occhi con il sorriso delle labbra.

Solo chi mi è inferiore mi può invidiare o odiare.

Non sono mai stato invidiato o odiato; non sono superiore a nessuno.

Solo chi mi è superiore mi può elogiare o sminuire.

Non sono mai stato elogiato né sminuito; non sono inferiore a nessuno.

Quando mi dici: «Non ti capisco» mi rivolgi un complimento superiore al mio valore, e rivolgi a te stesso un insulto che non meriti.

Quanto sono meschino quando la vita mi offre oro e io ti dono argento, e nonostante questo mi sento ancora generoso.

Quando raggiungerai il cuore della vita scoprirai di non essere superiore al malvagio e non inferiore al profeta.

È strano che si abbia pietà di chi è lento di piede e non di chi è lento di mente, e di chi è cieco negli occhi anziché di chi è cieco nel cuore.

È più saggio per lo storpio non rompere le grucce in testa al nemico.

Quanto è cieco colui che ti compensa di tasca sua per ciò che ti viene dal cuore.

La vita è una processione. Chi è lento la trova troppo veloce e si fa da parte;
e chi è veloce la trova lenta e si fa da parte.

Se esiste qualcosa come il peccato, alcuni di noi lo commettono a ritroso seguendo le orme dei padri; e alcuni di noi lo commettono in prospettiva imponendosi ai propri figli.
Veramente buono è colui che si mette al livello di coloro che sono considerati cattivi.

Siamo tutti prigionieri, ma alcuni di noi sono in celle con le finestre, altri senza.

Strano come tutti noi difendiamo i nostri errori con maggior vigore dei nostri diritti.

Se dovessimo tutti confessarci i nostri peccati, ci derideremmo l'un l'altro per la nostra mancanza di originalità.

Se poi dovessimo confessarci le nostre virtù, ci derideremmo ugualmente per lo stesso motivo.

Un individuo è al di sopra delle leggi stabilite dall'uomo finché non commette un crimine contro le convenzioni stabilite dall'uomo;
dopo di che, non è né al di sopra né al di sotto di nessuno.
Il governo è un accordo tra te e me. Tu e io siamo spesso nel torto.

Crimine è un altro nome del bisogno o un aspetto particolare di una malattia.

Esiste colpa più grande dell'essere consapevole delle colpe altrui?

Se l'altro ride di te, puoi averne pietà; ma se sei tu a ridere di lui, non ti potrai mai perdonare.
Se l'altro ti offende, puoi dimenticarne l'ingiuria, ma se tu lo offendi te ne ricorderai sempre.
In verità l'altro è il tuo io più sensibile, vestito di un altro corpo.

Quanto sei sconsiderato quando vorresti che gli uomini volassero con le tue ali e non puoi nemmeno donare loro una piuma.

Una volta un uomo sedette alla mia tavola e mangiò il mio pane e bevve il mio vino e se ne andò ridendo di me.
Poi tornò in cerca di pane e vino, e lo respinsi;
e gli angeli risero di me.

L'odio è qualcosa di morto. A chi di voi piacerebbe essere una tomba?

L'onore della vittima è di non essere l'assassino.

La tribuna dell'umanità è nel suo cuore silenzioso, mai nella sua mente loquace.

Mi considerano folle perché non voglio vendere i miei giorni per oro; e li considero folli perché sono convinti che i miei giorni abbiano un prezzo.

Ci mostrano le loro ricchezze d'oro e argento, d'avorio e di ebano, e noi mostriamo loro i nostri cuori e i nostri spiriti;
eppure loro si credono i padroni, e noi saremmo gli ospiti.

Preferirei essere l'ultimo degli uomini che ha dei sogni e il desiderio di esaudirli, piuttosto che essere il primo, senza sogni né desideri.

Il più degno di commiserazione, tra gli uomini, è colui che converte i suoi sogni in oro e argento.

Ci inerpichiamo tutti verso la vetta del desiderio che abbiamo nel cuore. Se l'altro scalatore ti ruba il sacco e la borsa e con l'una s'ingrassa e con l'altra s'appesantisce, dovresti aver pena di lui;
arrampicarsi sarà più duro per la sua carne, e il peso allungherà la sua strada.
E se tu, nella tua leggerezza, vedi la sua carne ansimare nella scalata, aiutalo a salire; ne guadagnerai in velocità.

Non puoi giudicare nessun uomo al di là di ciò che conosci di lui, e quanto poco sai di lui...

Non vorrei sentire il vincitore tenere una predica al vinto.

L'uomo veramente libero è colui che regge il peso della schiavitù con pazienza.

Mille anni fa, il mio vicino mi disse: «Odio la vita, perché non è che dolore».
E ieri, passando vicino al cimitero, ho visto la vita danzare sulla sua tomba.

Il conflitto, in natura, non è che disordine che anela all'ordine.

La solitudine è una silenziosa tempesta che distrugge i nostri rami secchi,
e tuttavia spinge le nostre radici viventi a fondo nel cuore vivente della terra vivente.

Un giorno a un ruscello parlai del mare, e il ruscello pensò che fossi ricco di fantasia;
e una volta parlai di un ruscello a un mare, e il sole pensò che fossi uno che diffama per sprezzo.

Come è limitata la visuale di chi esalta la formica laboriosa rispetto alla cicala canterina.

La più grande virtù di questo mondo può essere l'ultima in un altro.

Ciò che è profondo e ciò che è alto si estende in profondità e in lunghezza secondo una linea retta; solo ciò che è spazioso si può muovere in cerchi.

Se non fosse per il nostro sistema di pesi e misure proveremmo davanti alla lucciola lo stesso timore reverenziale che proviamo davanti al sole.

Uno scienziato privo di immaginazione è come un macellaio con i coltelli non affilati e le bilance non tarate.

Ma che cosa fare, dal momento che non siamo tutti vegetariani?

Quando canti, l'affamato ti ascolta con lo stomaco.

La morte non è più vicina al vecchio che al bambino; né lo è la vita.

Se davvero devi essere franco, fallo nel modo più bello; oppure resta in silenzio, poiché vi è un uomo nelle vicinanze che sta morendo.

Un funerale tra gli uomini è forse una festa di matrimonio tra gli angeli.

Una realtà dimenticata può morire e lasciare in eredità settemila fatti spiccioli da spendere per il suo funerale e per la costruzione della tomba.

In realtà noi parliamo solamente a noi stessi, ma talvolta a voce così alta che gli altri ci sentono.

L'ovvio è ciò che non si vede mai fino a quando qualcuno non lo esprime con semplicità.

Se la Via Lattea non fosse in me, come avrei potuto vederla o riconoscerla?

Se non fossi un medico tra medici non crederebbero che sono un astronomo.

Forse la definizione che il mare dà della conchiglia è la perla.
Forse la definizione che il tempo dà del carbone è il diamante.

La fama è l'ombra della passione che si staglia nella luce.

Una radice è un fiore che disdegna la fama.

Non vi è né religione né scienza al di là della bellezza.

Ogni grande uomo che io abbia mai conosciuto era piccolo in qualche aspetto del suo carattere, ed era quella sua piccineria a salvarlo dall'inattività, dalla pazzia o dal suicidio.

Il vero grande uomo è colui che non domina su nessuno, e che da nessuno può essere dominato.

Non posso credere che l'uomo sia mediocre solo perché uccide i criminali e i profeti.

La tolleranza è amore malato di superbia.

I vermi si rivoltano, ma non è strano che persino gli elefanti si pieghino?

Un disaccordo può essere la via più breve tra due menti.

Sono fiamma e sono boscaglia secca, e una parte di me consuma l'altra.

Noi tutti cerchiamo di raggiungere la vetta della montagna sacra; ma non sarà più breve la strada se consideriamo il passato come una carta e non come una guida?

La saggezza cessa di essere saggezza quando diviene troppo orgogliosa per piangere, troppo grave per ridere, e troppo piena di sé per cercare altro da se stessa.

Se mi fossi colmato di tutto ciò che sai, che spazio mi sarebbe rimasto per tutto ciò che non sai?

Ho imparato il silenzio dal loquace, la tolleranza dall'intollerante, la gentilezza dallo scortese; eppure, è strano, non sono grato a tali maestri.

Un bigotto è un oratore sordo come una campana.

Il silenzio dell'invidioso fa troppo rumore.

Quando giungi in fondo a ciò che dovresti sapere, sei all'inizio di ciò che dovresti sentire.

Un'esagerazione è una verità che ha perso la calma.

Se vedi solo ciò che la luce rivela e ascolti solo ciò che il suono annuncia,

allora, in verità, non vedi e non senti.

Un fatto è una verità asessuata.

Non puoi ridere ed essere scortese al tempo stesso.

I più vicini al mio cuore sono un re senza regno e un povero che non sa mendicare.

Un timido insuccesso è più nobile di un successo sfacciato.

Scava la terra dove vuoi e troverai un tesoro, solo, scava con la fede di chi coltiva la terra.

Disse una volpe inseguita da venti cavalieri e da una muta di venti cani: «Di sicuro mi uccideranno. Ma che poveri stupidi devono essere. Certamente non varrebbe la pena che venti volpi a cavallo di venti asini, accompagnate da venti lupi, andassero a caccia di un solo uomo per ucciderlo».

È la mente che è in noi a piegarsi alle nostre leggi, mai lo spirito.

Sono un viaggiatore e un navigatore, e ogni giorno scopro una nuova regione nella mia anima.

Una donna protestava dicendo: «Certo, è stata una guerra giusta. Mio figlio vi è morto».

Dissi alla Vita: «Vorrei sentire la Morte parlare».
E la Vita alzò un poco la voce e disse: «La stai ascoltando».

Quando hai risolto tutti i misteri della vita aneli alla

morte, perché non è che un altro mistero della vita.

Nascita e morte sono le più nobili manifestazioni di coraggio.

Amico, tu e io rimarremo stranieri alla vita,
e l'uno all'altro, e ciascuno a se stesso,
fino al giorno in cui tu parlerai e io ascolterò
credendo di ascoltare la mia voce;
e fino a quando non starò dinnanzi a te
pensando di essere davanti a uno specchio.

Mi dicono: «Se conoscessi te stesso conosceresti tutti gli uomini».

E io rispondo: «Solo andando alla ricerca di tutti gli uomini conoscerò me stesso».

L'uomo è due uomini; uno è sveglio nelle tenebre, l'altro dorme nella luce.

Un eremita è un uomo che rinuncia al mondo dei frammenti per godere del mondo in modo pieno e senza interruzioni.

Tra lo studioso e il poeta vi è un prato verde; se lo studioso lo attraversa diviene un uomo saggio; se il poeta lo attraversa, diviene un profeta.

Ieri sera vidi dei filosofi nella piazza del mercato, portavano la loro testa in un cesto e gridavano: «Saggezza! Saggezza in vendita!»

Poveri filosofi! Dover vendere la testa per nutrire il cuore.

Disse un filosofo ad uno spazzino: «Mi fai pietà, il tuo è un lavoro duro e sporco».

E lo spazzino disse: «Grazie signore. Ma ditemi, qual è il vostro lavoro?»

E il filosofo rispose dicendo: «Studio la mente dell'uomo, le sue azioni e i suoi desideri».

Allora lo spazzino continuando a scopare disse: «Anche voi mi fate pietà».

Colui che ascolta la verità non è da meno di chi dice la verità.

Nessun uomo può tracciare un confine tra lusso e necessità. Solo gli angeli possono, e gli angeli sono saggi e riflessivi.

Forse gli angeli sono i nostri pensieri migliori, liberi nello spazio.

Il vero principe è colui che trova il suo trono nel cuore del derviscio.

Generosità significa dare più di quello che si può, e orgoglio è prendere meno di ciò che serve.

In verità non devi nulla ad alcuno. Devi tutto a tutti.

Tutti coloro che hanno vissuto nel passato vivono con noi ora. Di sicuro nessuno di noi vorrà essere un ospite sgradito.

Colui che desidera di più, vive più a lungo.

Mi dicono: «Meglio un uovo oggi che una gallina domani».

Ma rispondo: «La gallina e la piuma di domani valgono di più di dieci uova di oggi».

La tua ricerca di *quella piuma* è la vita dal piede alato; o, più semplicemente, è la vita stessa.

Esistono solo due elementi: bellezza e verità; la bellezza nel cuore degli amanti, e la verità nelle braccia di chi coltiva la terra.

La grande bellezza mi cattura, ma quella bellezza che è ancora più grande mi libera anche da se stessa.

La bellezza splende più luminosa nel cuore di chi la desidera che negli occhi di chi la vede.

Ammiro l'uomo che mi svela il suo pensiero; onoro chi mi rivela i suoi sogni. Ma perché sono timido e anche un po' vergognoso dinnanzi a colui che mi serve?

Una volta chi era ricco di talenti era orgoglioso di servire i principi.

Ora reclama l'onore di servire i poveri.

Gli angeli sanno che troppi tipi pratici mangiano il pane grazie al sudore della fronte dei sognatori.

L'ingegno è spesso una maschera. Se fossi in grado di strapparla, scopriresti o un genio irritato o un'intelligenza che fa giochi di prestigio.

Chi capisce mi attribuisce capacità di capire e l'ottuso mi attribuisce ottusità.

Penso che entrambi abbiano ragione.

Solo coloro che hanno segreti nel cuore possono indovinare i segreti nel nostro cuore.

Colui che vuole condividere il tuo piacere ma non il tuo dolore perde la chiave di una delle sette porte del paradiso.

Sì, il Nirvana esiste: sta nel portare il tuo gregge al pascolo verde, nel mettere il tuo bimbo a dormire, nello scrivere l'ultima riga del tuo poema.

Scegliamo le nostre gioie e i nostri dolori molto prima di viverli.

La tristezza non è che un muro tra due giardini.

Quando gioia e dolore diventano grandi, il mondo diventa piccolo.

Il desiderio è metà della vita; l'indifferenza è metà della morte.

Ciò che è più amaro nel dolore di oggi è il ricordo della gioia di ieri.

Mi dicono: «Devi senz'altro scegliere tra i piaceri di questo mondo e la pace in quello che verrà».

E rispondo: «Ho scelto sia le gioie di questo mondo sia la pace dell'altro. Perchè so, in cuor mio, che il Poeta Supremo non ha scritto che un solo poema, perfetto nella scansione e perfetto nelle rime».

La fede è un'oasi nel cuore che mai sarà raggiunta dalla carovana del pensiero.

Quando toccherai la vetta di te stesso, desidererai solo il desiderio, e avrai fame della fame; e avrai sete di una sete più grande.

Se riveli i tuoi segreti al vento, non rimproverare il vento per averli rivelati agli alberi.

I fiori di primavera sono sogni d'inverno narrati agli angeli a colazione.

Disse una puzzola a una tuberosa: «Guarda come io corro veloce, mentre tu non sei in grado né di correre né di arrampicarti».
Rispose la tuberosa alla puzzola: «Oh, nobilissimo e velocissimo corridore, ti prego corri via veloce!»

Le tartarughe, di strade, ne sanno più delle lepri.
Strano che le creature prive di spina dorsale abbiano la corazza più dura.

Il più loquace è il meno intelligente, e vi è solo una minima differenza tra l'oratore e il battitore d'asta.

Ringrazia di non dover vivere all'ombra della fama di un padre o della ricchezza di uno zio.
Ma soprattutto sii grato che nessuno dovrà vivere all'ombra della tua fama o della tua ricchezza.

Solo quando un giocoliere manca la palla mi piace.
L'invidioso mi loda inconsapevolmente.

A lungo fosti un sogno nel sonno di tua madre, poi si svegliò per darti alla luce.

Il seme della razza è nel desiderio di tua madre.

Mio padre e mia madre desideravano un figlio e mi hanno generato.

E io volevo una madre e un padre e ho generato la notte e il mare.

Alcuni nostri figli sono le nostre giustificazioni; altri non sono che i nostri rimpianti.

Quando scende la notte e anche in te sono le tenebre, stenditi e sia la tua volontà l'essere buio.

E quando viene il giorno e in te sono ancora le tenebre, alzati e sia tua volontà dire al giorno: «Sono ancora nelle tenebre».

È stolto recitare una parte con la notte e una parte con il giorno.

Tutti e due riderebbero di te.

La montagna velata di nebbia non è collina; la quercia nella pioggia non è salice piangente.

Ecco, questo è un paradosso: il profondo e l'alto sono più vicini l'uno all'altro che ognuno al medio.

Quando mi misi dinnanzi a te, limpido specchio, guardasti in me e vedesti la tua immagine.

E dicesti: «Ti amo».

Ma in verità amavi te stesso, in me.

Quando è un piacere amare il prossimo non è più una virtù.

L'amore che non sgorga continuamente, continuamente muore.

Non puoi possedere la giovinezza e, allo stesso tempo, la conoscenza di essa;

perché la giovinezza è troppo occupata a vivere per

la conoscenza, e la conoscenza è troppo presa dalla ricerca di sé per la vita.

Potresti sedere alla finestra e osservare i passanti. E guardando potresti vedere una suora camminare verso la tua mano destra e una prostituta verso la tua mano sinistra.

E potresti affermare nella tua innocenza: «Come è nobile l'una e come è ignobile l'altra».

Ma se tu chiudessi gli occhi e stessi un attimo ad ascoltare sentiresti una voce sussurrare nell'etere: «L'una mi cerca nella preghiera e l'altra nel dolore. E nello spirito di ciascuna c'è una dimora per il mio spirito».

Ogni cent'anni Gesù di Nazareth incontra Gesù dei cristiani in un giardino tra le colline del Libano. Parlano a lungo; e ogni volta Gesù di Nazareth se ne va dicendo al Gesù dei cristiani: «Amico mio, temo che non andremo mai, mai d'accordo».

Che Dio alimenti il sovrabbondante!

Il grande uomo ha due cuori: l'uno sanguina, l'altro sopporta.

Se uno dice una menzogna che non danneggia né te né altri, perché non pensare che la dimora dei suoi fatti era troppo piccola per le sue fantasie, e che ha dovuto lasciarla per uno spazio più grande?

Dietro ogni porta chiusa c'è un mistero suggellato da sette sigilli.

L'attesa è lo zoccolo del tempo.

E se il problema fosse una nuova finestra nella parete a Oriente della tua casa?

Puoi dimenticare la persona con cui hai riso, mai la persona con cui hai pianto.

Dev'esserci qualcosa di stranamente sacro nel sale. È nelle nostre lacrime e nel mare.

Il nostro Dio, nella sua sete misericordiosa, berrà noi tutti, lacrime e gocce di rugiada.

Non sei che un frammento del tuo io gigantesco, una bocca che chiede pane, e una mano cieca che regge il calice per una bocca assetata.

Se ti sollevassi di appena un cubito sopra la tua razza, il tuo paese e te stesso, diverresti veramente simile a un dio.

Se fossi in te, non incolperei il mare e la bassa marea. È una buona nave e il Capitano è capace; è solo il tuo stomaco che è in disordine.

Ciò che desideriamo e non riusciamo a ottenere è più caro di ciò che abbiamo già raggiunto.

Se fossi seduto su una nuvola non vedresti la frontiera tra un paese e l'altro, né la pietra di confine tra una fattoria e l'altra.

Peccato che tu non possa sedere su una nuvola.

Sette secoli fa sette bianche colombe si levarono da una valle profonda e volarono verso la bianca vetta di una montagna. Uno dei sette uomini che assisteva al volo disse: «Vedo una macchia nera sull'ala della settima colomba».

Oggi la gente della valle racconta di sette colombe nere che volarono verso la sommità della montagna innevata.

In autunno raccolsi tutti i miei dolori per seppellirli in giardino.

E, quando aprile ritornò e la primavera si unì in matrimonio alla terra, crebbero nel mio giardino magnifici fiori diversi da tutti gli altri.

E i miei vicini vennero ad ammirarli, dicendo tutti: «Quando tornerà l'autunno, al tempo della semina, ci darai i semi di questi fiori, per poterli avere nel nostro giardino?».

Certo è misero tendere la mano vuota agli uomini e non ricevere nulla; ma la vera disperazione è tendere una mano piena e non trovare nessuno pronto a ricevere.

Bramo l'eternità: vi incontrerò i miei poemi non scritti e i miei quadri non dipinti.

L'arte è un passo dalla natura all'Infinito.

L'opera d'arte è nebbia modellata in immagine.

Perfino le mani che intrecciano corone di spine sono meglio delle mani oziose.

Le nostre lacrime più sacre non sgorgano mai dai nostri occhi.

Ogni uomo è discendente da ogni re e da ogni schiavo che sia mai vissuto.

Se il bisavolo di Gesù avesse saputo che cosa era nascosto in lui, non avrebbe provato soggezione per se stesso?

Era forse l'amore della madre di Giuda per suo figlio minore dell'amore di Maria per Gesù?

Vi sono tre miracoli di nostro Fratello Gesù non ancora scritti nella Bibbia: il primo che Egli era un uomo come me e voi; il secondo che aveva senso dell'umorismo; il terzo che era cosciente di essere un vincitore, anche se vinto.

O Crocifisso, sei crocifisso nel mio cuore; e i chiodi che ti trafiggono le mani, trafiggono le pareti del mio cuore.

E domani quando uno straniero passerà da questo Golgota, non capirà che siamo in due a sanguinare.

Penserà che sia il sangue di uno solo.

Hai forse sentito parlare della Montagna Santa.

È la più alta montagna del mondo.

Se raggiungessi la vetta avresti un solo desiderio: scendere e rimanere con coloro che stanno nella valle più profonda.

Ecco perché si chiama Montagna Santa.

Ogni pensiero che ho imprigionato in espressione deve liberarsi nelle mie azioni.

Indice

TITOLI IN COLLANA

Vangeli apocrifi

Apuleio
La favola di Eros e Psiche

Emily Brönte
Cime tempestose

Lewis Carroll
Alice nel Paese delle Meraviglie

Grazia Deledda
Canne al vento

Emily Dickinson
Poesie

Epicuro-Seneca
Scritti sulla felicità

Erasmo da Rotterdam
Elogio della Follia

Kahlil Gibran
Il Profeta
Sabbia e schiuma

Johann Wolfgang Goethe
I dolori del giovane Werther

Johann Wolfgang Goethe
Le affinità elettive

James Joyce
Gente di Dublino

Søren Kierkegaard
Diario del seduttore

Karl Marx - Friedrich Engels
Il Manifesto del partito comunista

Friedrich Nietzsche
Al di là del bene e del male

Friedrich Nietzsche
Così parlò Zarathustra

Blaise Pascal
Pensieri

Luigi Pirandello
Il fu Mattia Pascal

Luigi Pirandello
Uno, nessuno e centomila

Platone
Apologia, Simposio, Fedone

Edgar Allan Poe
I delitti della Rue Morgue

Arthur Rimbaud
Il battello ebbro

Sant'Agostino
Confessioni

William Shakespeare
Sonetti d'amore

Italo Svevo
La coscienza di Zeno

Rabindranath Tagore
Gitanjali

Giovanni Verga
I Malavoglia

Paul Verlaine
Poesie d'amore

Voltaire
Trattato sulla tolleranza

Oscar Wilde
De Profundis

Oscar Wilde
Il fantasma di Canterville e altre storie

Oscar Wilde
Il ritratto di Dorian Gray